儿童心理剧与家园共育

尚俐伦　张振宇　景园园◎著

郑州大学出版社

图书在版编目(CIP)数据

儿童心理剧与家园共育 / 尚俐伦, 张振宇, 景园园著. -- 郑州 : 郑州大学出版社, 2024. 11. --ISBN 978-7-5773-0517-2

Ⅰ. G616

中国国家版本馆 CIP 数据核字第 20242K8S52 号

儿童心理剧与家园共育

ERTONG XINLIJU YU JIAYUAN GONGYU

策划编辑	宋妍妍	封面设计	王　微
责任编辑	吴　静	版式设计	王　微
责任校对	宋妍妍	责任监制	朱亚君

出版发行	郑州大学出版社	地　　址	郑州市大学路 40 号(450052)
出 版 人	卢纪富	网　　址	http://www.zzup.cn
经　　销	全国新华书店	发行电话	0371-66966070
印　　刷	广东虎彩云印刷有限公司		
开　　本	710 mm×1 010 mm　1 / 16	彩　　页	4
印　　张	14.25	字　　数	236 千字
版　　次	2024 年 11 月第 1 版	印　　次	2024 年 11 月第 1 次印刷

书　　号	ISBN 978-7-5773-0517-2	定　　价	58.00 元

前言

在儿童的成长道路上，家庭与幼儿园作为两大核心环境，其共同的教育作用不言而喻。尤其是在儿童早期发展的关键阶段，如何有效促进幼儿心理健康、社会性发展及顺利过渡到下一个成长阶段，成了家长、教师乃至整个社会共同关注的焦点。本书《儿童心理剧与家园共育》正是基于这一背景，旨在通过探索儿童心理剧这一创新教育模式，搭建起家园共育的桥梁，为幼儿的全面发展提供科学、系统的指导。

莫雷诺(Jacob Levy Moreno)是心理剧的创始人，他在1921年正式提出的心理剧强调通过角色扮演和情景模拟，帮助个体在安全的氛围中探索、释放和分享内在自我，从而达到疗愈的效果。随着心理剧理论的不断发展，儿童心理剧逐渐在教育领域得到广泛应用。儿童心理剧，作为一种集戏剧、心理学与教育学于一体的教育形式，近年来在国内外教育领域逐渐受到重视。它通过模拟儿童生活中的真实情境，以角色扮演、情感表达、问题解决等方式，帮助幼儿在轻松愉快的氛围中认识自我、理解他人、学会合作与分享，从而促进其心理健康和社会性发展。

在实践中，教师们通过设计贴近幼儿生活的心理剧剧本，引导幼儿在角色扮演中体验不同的情感和社会情境，从而加深对自己和他人的理解。本书创造性地将儿童心理剧融入家园共育的实践中，不仅为幼儿园教育提供了新颖的教学资源，也为家庭教育提供了科学的指导策略。

全书共分为三章，分别针对小班入园焦虑、中班幼儿社会性发展以及大班幼小衔接三个关键阶段，通过详尽的调研分析、生动的心理剧案例以及具体的家园共育指导，为家长和教师提供了全面而深入的理解与操作指南。每一章都首先从幼儿、教师、家长三个维度展开系列调研，通过访谈、问卷等多种形式，深入了解不同群体的真实需求与困惑。随后，结合具体案例，详细阐述了儿童心理剧的创作背景、心理现象分析、剧本内容以及家园共育的具体指导策略。

在小班阶段，我们聚焦入园焦虑问题，通过《淘淘入园记》等心理剧，帮助幼儿缓解分离焦虑，适应幼儿园生活；中班阶段，则侧重于幼儿社会性发展的培养，通过《我的模样》《我能行》等剧目，引导幼儿认识自我、建立自信、学会处理情绪；到了大班阶段，面对幼小衔接的挑战，我们推出了《一年级，我来啦》等心理剧，帮助幼儿做好身心准备，顺利过渡到小学阶段。

本书不仅是一本关于儿童心理剧创作的实用手册，更是一部关于家园共育理念的深刻探讨。我们坚信，只要家园携手，共同努力，一定能为孩子们营造一个更加健康、和谐的成长环境。希望本书能够成为广大教育工作者、家长以及关心儿童成长的各界人士的良师益友，共同为孩子们的美好未来贡献力量。

本书第一章由景园园著，第二章由张振宇著，第三章由尚俐伦著。感谢周晶晶、张娜、周诗文、李魏征、张萌萌、刘铭慧、石雪亚、杨路畅、李雅君、魏少娜、刘金金、张瑞霞、徐文逸、张娜、张津津、张雨、李尚、马晓珺、吴磊、曹露霞、闫茹玉、徐佳鸽、黄思思、牛源、赵亚蒙、王高锐、李杏歌、胡玉佳、于迪、李尚、刘毓璇等老师在本书编写过程中所做的大量工作。

由于作者的知识水平所限，书中难免存在缺点和疏漏，敬请广大读者予以批评指正。

此外，本书在编写过程中，特别注重了对幼儿图片及案例来源的版权保护。书中所有使用的幼儿图片及案例，均经过严格筛选，并获得了相关版权所有者的正式授权。我们承诺，所有内容的使用均符合版权法规，旨在为读者提供更加丰富、真实且具有教育意义的阅读体验。同时，我们也对所有版权所有者表示衷心的感谢，感谢他们对我们工作的信任与支持。

目录

第一章 小班入园焦虑：儿童心理剧与家园共育

第二章 中班幼儿社会性发展：儿童心理剧与家园共育

第一章

小班入园焦虑：儿童心理剧与家园共育

小班幼儿入园分离焦虑是普遍存在于幼儿园小班刚入园新生中的一个问题。对于刚入园的小班幼儿来说,离开熟悉的家庭环境,进入陌生的幼儿园,需要面对许多新的挑战,也需要经历一定的适应过程。当小班幼儿第一次踏入幼儿园的大门,他们面临的不仅仅是新环境、新朋友和新知识的挑战,更多的是与家人分离的焦虑。幼儿园是孩子经历的第一个社会性集体活动场所。对于准备进入幼儿园和刚进入幼儿园的孩子来说,这场考验可类比于“第二次出生”。小班幼儿入园分离焦虑,其实就像孩子第一次尝试吃冰激凌一样,既期待又害怕。他们期待的是新环境、新朋友、新知识,但害怕的是离开熟悉的家人,进入陌生的环境。

小班幼儿入园分离焦虑可能会表现出哭闹、不愿意进园、对家人依依不舍等行为。他们可能会紧紧抓住家长的手,不愿意松开,或者在入园后不停地张望,期待家人的出现。这些都是孩子分离焦虑情绪的表现。

与此同时,家长们也同样经历着焦虑与不安,他们的焦虑表现也是多种多样的。有的家长可能会在孩子入园前夜不能寐,担心孩子在幼儿园过得不好;有的家长则会在送孩子入园时,自己也忍不住泪流满面。家长们焦虑的根源,往往是对孩子的不放心,以及对幼儿园环境的不了解。

关于“入园焦虑”,探究其背后心理因素影响,主要有三个方面:①幼儿汲取安全感来源的转化不够充分;②幼儿社会性发展程度有限;③家庭成员对入园的焦虑程度对幼儿心理产生逆向影响。

作为教师,我们如何帮助孩子迈出勇敢的第一步?首先我们应该了解幼儿是如何想以及如何处理这次“人生考验”的,其次是了解家长的心理和所面对的问题,最后是给予支持、陪伴与帮助。

第一节 面向幼儿、教师、家长的系列调研

基于此，我们对幼儿与家长进行了双向访问，一是关于幼儿的成长历程，二是关于家长的期待与困惑。我们希望通过了解幼儿与家长的心理需求，为其提供更直接的帮助。同时希望对比幼儿成长不同的感受与想法，使家长、教师将更多的关注点集中于幼儿本身的发展需要。

一、面向幼儿的主题访谈及分析

为更深入了解孩子们如何看待自己进入幼儿园的心路历程、生活体会以及他们的社会发展，基于儿童视角，我们采用一对一访谈的方式对入园满一学期的幼儿进行访谈，部分访谈记录如下：

访谈一：

访谈教师姓名：徐佳鸽

访谈内容情况记录：

教师：你叫什么名字？几岁啦？喜欢上幼儿园吗？

幼儿1：我叫小锦，三岁，喜欢幼儿园。

幼儿2：我叫沫沫，三岁，喜欢上幼儿园。

幼儿3：我叫明明，今年三岁半了，我喜欢上幼儿园。

幼儿4：我叫小舒，快四岁了，喜欢。

幼儿5：我叫轩轩，快四岁，喜欢幼儿园。

幼儿6：我叫小钰，四岁了，喜欢上幼儿园。

幼儿7：我叫阿仲，我四岁了，喜欢幼儿园。

幼儿8：我叫轩仔，我今年三岁半了，喜欢上幼儿园。

幼儿9：我叫程程，今年三岁了，喜欢幼儿园。

幼儿10：我叫桐桐，今年三岁半了，我非常喜欢每天上幼儿园。

教师:你最喜欢幼儿园里的什么事情或什么人?

幼儿1:我最喜欢徐老师、小哲,喜欢玩游戏。

幼儿2:我最喜欢许老师、娜娜老师和一个小女生,我喜欢唱歌、跳舞和玩手指游戏。

幼儿3:我最喜欢的事情是上课。

幼儿4:我最喜欢我们班里的小钰。

幼儿5:我最喜欢班里的娜娜老师。

幼儿6:我最喜欢在幼儿园里学本领,喜欢伊伊和小舒。

幼儿7:我最喜欢幼儿园里的老师,还有小哲和程程。

幼儿8:我最喜欢徐老师。

幼儿9:我最喜欢的小朋友是轩轩。

幼儿10:我最喜欢泽泽和徐老师,还有娜娜老师。

教师:你刚来幼儿园的时候哭了吗? 为什么哭?

有4名幼儿说自己刚来幼儿园的时候哭了,其中3名说自己想妈妈,1名说自己想姥姥;其他6名小朋友都说自己来幼儿园的时候没有哭。

教师:那你现在来幼儿园还哭吗? 用了什么办法让自己不哭的?

10名幼儿都说现在不哭了,有的说交了朋友,有的是抱抱老师,有的是因为妈妈对她说幼儿园有很多好朋友可以一起玩,有一个说的是不知道。

教师:你在幼儿园有好朋友吗? 是谁?

幼儿1:我在幼儿园有两个好朋友,小哲和阿仲。

幼儿2:我在幼儿园有一个好朋友,她的名字是小栎。

幼儿3:我在幼儿园有好朋友,是泽泽。

幼儿4:有好朋友,是小钰。

幼儿5:在幼儿园有好朋友,是沫沫和泽泽。

幼儿6:在幼儿园有好朋友,是小舒和伊伊。

幼儿7:我在幼儿园有两个好朋友,是小舒和承承。

幼儿8:我在幼儿园有好朋友,是小树和橙宝。

幼儿9:我幼儿园里有好朋友,是轩轩和阿仲。

幼儿10:在幼儿园有一个最好的好朋友,是泽泽。

教师：在幼儿园的一天活动中，你最喜欢什么时候？

幼儿1：我在幼儿园，最喜欢放学回家的时候。

幼儿2：在幼儿园最喜欢吃肉、吃饭、吃鸡蛋的时候。

幼儿3：我在幼儿园，最喜欢上课的时候。

幼儿4：我在幼儿园里最喜欢放学的时候。

幼儿5：我最喜欢老师带着我上课的时候。

幼儿6：我最喜欢晚上放学。

幼儿7：我最喜欢在幼儿园玩游戏的时候。

幼儿8：我最喜欢在幼儿园里户外搭积木的时候。

幼儿9：我最喜欢户外游戏，搭积木的时候。

幼儿10：我最喜欢在幼儿园玩。

教师：你在幼儿园会想妈妈吗？想妈妈的时候你会做哪些事情？

幼儿1：我在幼儿园里不会想妈妈。

幼儿2：我在幼儿园里会想妈妈，我在穿鞋的时候、吃饭的时候、和小朋友一起玩的时候都会想妈妈。

幼儿3：我在幼儿园里会想妈妈，想妈妈的时候会魔法亲亲，抱抱老师，亲亲老师的手。

幼儿4：我在幼儿园里会想姥姥，但是我会忍住。

幼儿5：在幼儿园会想妈妈。

幼儿6：在幼儿园会想妈妈，但是我会告诉自己，不要想妈妈。

幼儿7：我在幼儿园会想妈妈，想妈妈的时候，我会和小哲一起玩。

幼儿8：我在幼儿园会想妈妈，想妈妈的时候，我会一直想着她。

幼儿9：我在幼儿园会想妈妈，想妈妈的时候我会去玩。

幼儿10：在幼儿园会想妈妈，想妈妈的时候，只要我不想就可以了。

教师：放学回家的时候你会和爸爸妈妈分享幼儿园里哪些有趣的事情？

幼儿1：我会分享和小朋友一起玩游戏的事情。

幼儿2：我回家会和爸爸妈妈分享在幼儿园穿鞋子、穿袜子、吃鸡蛋、吃肉的事情。

幼儿3：我回家会和爸爸妈妈分享我在幼儿园学的本领。

幼儿4:我回家会和姥姥分享在幼儿园玩的游戏。

幼儿5:我不知道。

幼儿6:我回家会和爸爸妈妈分享在幼儿园玩滑滑梯的事情。

幼儿7:我回家会和爸爸妈妈分享玩医院游戏的事情。

幼儿8:我回家和爸爸妈妈分享在幼儿园睡觉的事情。

幼儿9:回家我会和爸爸妈妈分享在幼儿园开心玩游戏的事情。

幼儿10:和爸爸妈妈分享在幼儿园玩的游戏。

访谈二:

访谈教师姓名:黄思思

访谈内容情况记录:

教师:你几岁啦?你喜欢上幼儿园吗?

幼儿1:四岁,喜欢上幼儿园。

幼儿2:三岁半,喜欢上幼儿园。

幼儿3:四岁,喜欢上幼儿园。

幼儿4:四岁了,喜欢上幼儿园。

幼儿5:四岁,喜欢上幼儿园。

幼儿6:三岁多,喜欢上幼儿园。

幼儿7:三岁半,喜欢上幼儿园。

幼儿8:四岁,喜欢上幼儿园。

幼儿9:三岁半,喜欢上幼儿园。

幼儿10:三岁半,喜欢上幼儿园。

教师:你最喜欢幼儿园里的什么事情或者什么人?

幼儿1:喜欢在幼儿园玩积木,最喜欢小雪老师。

幼儿2:喜欢跳舞和唱歌,喜欢骑小车。

幼儿3:喜欢玩玩具,喜欢我的好朋友。

幼儿4:喜欢幼儿园里玩的游戏,喜欢小熙小朋友。

幼儿5:喜欢在幼儿园做游戏,最喜欢老师。

幼儿6:最喜欢画画,喜欢老师。

幼儿7:喜欢看书,最喜欢我的好朋友。

幼儿 8:喜欢在幼儿园睡觉,喜欢楠楠老师。

幼儿 9:喜欢玩魔尺,喜欢小雪老师。

幼儿 10:喜欢玩游戏、玩玩具,喜欢我的好朋友。

教师:你刚来幼儿园的时候哭了吗? 为什么哭?

幼儿 1:刚来幼儿园的时候没有哭,后来哭了。

幼儿 2:哭了,想妈妈。

幼儿 3:只哭了一次。

幼儿 4:不哭。

幼儿 5:没有哭。

幼儿 6:没有哭。

幼儿 7:哭了,因为想妈妈。

幼儿 8:没有哭。

幼儿 9:哭了,怕妈妈不来接我。

教师:那你现在来幼儿园还哭吗? 用了什么办法让自己不哭?

10 名幼儿都说现在不哭了,个别幼儿说了原因,如:"妈妈说我了,不能哭","玩玩具就不哭了"等。

教师:你在幼儿园有好朋友吗? 他是谁?

10 名幼儿都能准确说出自己好朋友的姓名。

教师:在幼儿园一天的活动中,你最喜欢什么时候?

幼儿 1:最喜欢吃加餐的时候。

幼儿 2:最喜欢画画的时候。

幼儿 3:最喜欢吃饭的时候。

幼儿 4:最喜欢放学的时候。

幼儿 5:最喜欢吃饭的时候。

幼儿 6:最喜欢放学的时候。

幼儿 7:最喜欢早晨跑步。

幼儿 8:喜欢玩游戏的时候。

幼儿 9:不知道。

幼儿 10:最喜欢玩的时候。

教师:你在幼儿园里会想妈妈吗？想妈妈的时候会做哪些事情？

幼儿1:不会想妈妈。

幼儿2:不想妈妈。

幼儿3:会想爸爸,想让他放学的时候来接我。

幼儿4:不会想妈妈,会想奶奶,会等她来接我。

幼儿5:不会想。

幼儿6:会想爸爸,想爸爸的时候会做一些别的事情(干活)。

幼儿7:会想妈妈,会做一些别的事情(挂衣服)。

幼儿8:不会想。

幼儿9:不会想。

幼儿10:会想爸爸妈妈,去找老师抱抱。

教师:放学回家后,你会和爸爸妈妈分享幼儿园哪些有趣的事情？

幼儿1:分享游戏。

幼儿2:给妈妈分享我做的东西(小雪人)。

幼儿3:分享出去玩玩具的事情。

幼儿4:我忘记了幼儿园发生的事情。

幼儿5:会跟奶奶分享在幼儿园里玩的游戏。

幼儿6:分享游戏。

幼儿7:不会分享。

幼儿8:会分享玩玩具的事情。

幼儿9:会分享游戏、玩玩具。

幼儿10:会分享我做的手工鲜花。

访谈三:

访谈教师姓名:杨路畅

访谈内容情况记录:

教师:你叫什么名字？几岁啦？喜欢上幼儿园吗？

幼儿1:我叫泽泽,三岁半,喜欢幼儿园。

幼儿2:我叫伊伊,三岁半,喜欢上幼儿园。

幼儿3:我叫岳岳,快四岁了,我喜欢上幼儿园。

幼儿4:我叫梵梵,四岁了,喜欢。

幼儿5:我叫小溪,快四岁了,喜欢幼儿园。

幼儿6:我叫浩浩,三岁了,喜欢上幼儿园。

幼儿7:我叫高兴,我四岁了,喜欢幼儿园。

幼儿8:我叫岩宝儿,今年四岁了,喜欢上幼儿园。

幼儿9:我叫小豆,今年三岁半了,喜欢幼儿园。

幼儿10:我叫丫丫,今年四岁了,喜欢上幼儿园。

教师:你最喜欢幼儿园里的什么事情或什么人?

幼儿1:我喜欢老师和小朋友,喜欢玩滑滑梯。

幼儿2:我最喜欢老师和一个小女生,我还喜欢唱歌跳舞。

幼儿3:我最喜欢的事情是上课。

幼儿4:我最喜欢班里的小苒。

幼儿5:我最喜欢老师。

幼儿6:我最喜欢在幼儿园里学本领,喜欢做游戏。

幼儿7:我最喜欢幼儿园里的老师们。

幼儿8:我最喜欢邵老师。

幼儿9:我最喜欢浩浩和徐老师,还有娜娜老师。

教师:你刚来幼儿园的时候哭了吗?为什么哭?

有4名幼儿说自己刚来幼儿园的时候哭了,其中3名说自己想妈妈,1名说自己想姥姥;其他6名小朋友都说自己来幼儿园的时候没有哭。

教师:那你现在来幼儿园还哭吗?用了什么办法让自己不哭的?

10名幼儿都说现在不哭了,有的说交了朋友,有的是抱抱老师,有的是因为妈妈对她说幼儿园有很多好朋友可以一起玩,有一个说的是不知道。

教师:你在幼儿园有好朋友吗?他是谁?

幼儿1:我在幼儿园有两个好朋友,小哲和阿仲。

幼儿2:我在幼儿园有一个好朋友,她的名字是烁烁。

幼儿3:我在幼儿园有好朋友,是小恩。

幼儿4:有好朋友,是馨宝儿。

幼儿5:在幼儿园有好朋友,是恩泽、瓜瓜。

幼儿6:在幼儿园,有好朋友是豆丁。

幼儿7:我在幼儿园,有两个好朋友,佳佳和小宝。

幼儿8:我在幼儿园,有好朋友是程程。

幼儿9:我幼儿园里有好朋友是一一。

幼儿10:在幼儿园有一个最好的好朋友是小泽。

教师:你在幼儿园的一天活动中最喜欢什么时候?

幼儿1:我在幼儿园,最喜欢放学回家的时候。

幼儿2:我在幼儿园,最喜欢吃肉、吃饭、吃鸡蛋的时候。

幼儿3:我在幼儿园,最喜欢上课的时候。

幼儿4:我在幼儿园,最喜欢放学的时候。

幼儿5:我在幼儿园,最喜欢老师带着我上课。

幼儿6:我最喜欢晚上放学的时候。

幼儿7:我最喜欢在幼儿园玩游戏的时候。

幼儿8:在幼儿园里我最喜欢在户外搭积木的时候。

幼儿9:我最喜欢户外游戏,搭积木的时候。

幼儿10:我最喜欢在幼儿园玩。

教师:你在幼儿园会想妈妈吗?想妈妈的时候你会做哪些事情?

幼儿1:我在幼儿园里不会想妈妈。

幼儿2:我在幼儿园里会想妈妈,我在穿鞋的时候、吃饭的时候和小朋友一起玩的时候都会想妈妈。

幼儿3:我在幼儿园里会想妈妈,想妈妈的时候会魔法亲亲,抱抱老师,亲亲老师的手。

幼儿4:我在幼儿园里会想姥姥,但是我会忍住。

幼儿5:在幼儿园会想妈妈。

幼儿6:在幼儿园会想妈妈,但是我会告诉自己,不要想妈妈。

幼儿7:我在幼儿园会想妈妈,我会和朋友一起玩儿。

幼儿8:我在幼儿园会想爸爸妈妈。

幼儿9:我在幼儿园会想妈妈,想妈妈的时候我会去玩。

幼儿10:在幼儿园会想妈妈,不过一会儿就忘了。

教师：放学回家的时候你会和爸爸妈妈分享幼儿园里哪些有趣的事情？

幼儿1：我会分享和小朋友一起玩游戏的事情。

幼儿2：我回家会和爸爸妈妈分享在幼儿园的事情。

幼儿3：我回家会和爸爸妈妈分享在幼儿园学的本领。

幼儿4：我回家会和姥姥分享在幼儿园玩的游戏。

幼儿5：我会回家和爸爸妈妈分享在幼儿园玩滑滑梯的事情。

幼儿6：我会回家和爸爸妈妈分享玩游戏的事情。

幼儿7：我回家和爸爸妈妈分享在幼儿园表现好的事情。

幼儿8：我会回家和爸爸妈妈分享在幼儿园玩区域玩具的事情。

幼儿9：我会分享在幼儿园玩的游戏和好吃的。

访谈四：

访谈教师姓名：曹露霞

访谈内容情况记录：

教师：你叫什么名字？几岁啦？你喜欢上幼儿园吗？

幼儿1：我叫小艺，三岁半，喜欢上幼儿园。

幼儿2：我叫涵涵，三岁半，喜欢幼儿园。

幼儿3：我叫一一，三岁，喜欢幼儿园。

幼儿4：我叫小小，三岁半，喜欢幼儿园。

幼儿5：我叫晨晨，三岁半，喜欢幼儿园。

幼儿6：我叫小羽，三岁半，喜欢幼儿园。

幼儿7：我叫安安，三岁半，喜欢幼儿园。

幼儿8：我叫大大，三岁半，喜欢幼儿园。

幼儿9：我叫宜宝，三岁半，喜欢幼儿园。

教师：你最喜欢幼儿园里的什么事情或者什么人？

幼儿1：喜欢幼儿园的老师，和幼儿园的玩具。

幼儿2：在幼儿园喜欢诺诺，喜欢做手工。

幼儿3：喜欢在幼儿园做手工，最喜欢和阿城一起玩。

幼儿4：最喜欢宜宝，最喜欢在幼儿园看书。

幼儿5：喜欢老师。

幼儿6:喜欢我的好朋友们,和好朋友们一起玩奥特曼游戏。

幼儿7:喜欢小恩,喜欢独木桥、小山坡和娃娃家、挖土。

幼儿8:最喜欢妹妹和璇璇。

幼儿9:喜欢宜宝。

幼儿10:和小志和一起玩。

教师:你刚来幼儿园的时候哭了吗? 为什么哭?

有8名幼儿说没哭;2名幼儿说哭了。1名幼儿哭的原因是想妈妈,另外1名幼儿哭的原因是不熟悉幼儿园。

教师:那你现在来幼儿园还哭吗? 用了什么办法让自己不哭?

10名幼儿都说现在不哭了,个别幼儿还说了方法,例如,如果想哭的时候可以去做一做手工或者和好朋友一起玩玩具。

教师:你在幼儿园有好朋友吗? 是谁?

幼儿1:有,小诺。

幼儿2:小诺是我的好朋友,和她在一起玩,超级开心。

幼儿3:有,成成,因为他总是邀请我一起玩,和他一起玩,很开心。

幼儿4:佩佩,他是我的好朋友。

幼儿5:宁宁是我的好朋友,一起和好朋友玩很开心。

幼儿6:有,昊昊、小林、小诺、依依都是我的好朋友。

幼儿7:琪琪、小恩、星宝儿是我的好朋友。

幼儿8:有,曦曦。

幼儿9:宜宝,和他一起玩的时候很开心。

幼儿10:暖暖,一起玩的时候很喜欢他。

教师:在幼儿园一天的活动中,你最喜欢什么时候?

幼儿1:送到幼儿园的时候,和爸爸妈妈来接的时候。

幼儿2:做手工的时候。

幼儿3:晚上,因为晚上可以回家了。

幼儿4:早上,早上可以在幼儿园里面玩。

幼儿5:中午的时候。

幼儿6:玩玩具的时候。

幼儿7:玩玩具的时候。

幼儿8:晚上,晚上的时候可以回家玩玩具。

幼儿9:下午,下午的时候可以玩玩具。

幼儿10:喜欢和大大、小小一起玩警察游戏的时候。

教师:你在幼儿园里会想妈妈吗?想妈妈的时候你会做哪些事情?

幼儿1:会,想妈妈的时候不哭。

幼儿2:不会,如果想妈妈了,可以给妈妈打电话。

幼儿3:不会,晚上放学回家再想妈妈。

幼儿4:有时候会,有时候不会,做一些好玩的带回家和妈妈分享。

幼儿5:不会想妈妈。

幼儿6:会,玩玩具。

幼儿7:不会。

幼儿8:不会。

幼儿9:不会。

幼儿10:不会。

教师:放学回家后,你会和爸爸妈妈分享幼儿园哪些有趣的事情?

幼儿1:会和妈妈说,在幼儿园很听话,不哭也不闹。

幼儿2:会分享在幼儿园里做的手工。

幼儿3:让妈妈看一看我表现得好不好。

幼儿4:不会分享。

幼儿5:会分享老师和小朋友们一起玩的事情。

幼儿6:会分享玩玩具的事情。

幼儿7:分享在学校里玩的事情。

幼儿8:会跟爸爸妈妈分享在学校的事情。

幼儿9:分享和好朋友一起玩的事情。

幼儿10:分享画画、喝酸奶、喝水的事情。

访谈五:

访谈教师姓名:刘铭慧

访谈内容情况记录:

教师:你叫什么名字?几岁啦?你喜欢上幼儿园吗?

幼儿1:我叫田田,三岁半了,喜欢幼儿园。

幼儿2:我叫小芷宝,快四岁了,喜欢幼儿园。

幼儿3:我叫瑾瑾,三岁半,喜欢幼儿园。

幼儿4:我叫依依,三岁半了,喜欢上幼儿园。

幼儿5:我叫小铭,三岁半了,喜欢幼儿园。

幼儿6:我叫萱萱,三岁了,喜欢幼儿园。

幼儿7:我叫洋洋,三岁半了,最喜欢幼儿园。

幼儿8:我叫小芯,三岁半了,喜欢幼儿园。

幼儿9:我叫阿乐,三岁半了,我喜欢幼儿园。

幼儿10:我叫承承,快四岁了,喜欢幼儿园。

10个孩子都表示特别喜欢幼儿园。

教师:你最喜欢幼儿园里的什么事情或者什么人?

幼儿1:我最喜欢走独木桥,我喜欢老师。

幼儿2:喜欢玩玩具,最喜欢小星。

幼儿3:做游戏。

幼儿4:睡觉。

幼儿5:玩具。

幼儿6:画画。

幼儿7:玩玩具。

幼儿8:玩方箱梯子。

幼儿9:玩积木。

幼儿10:在美工区玩。

(孩子们喜欢在幼儿园里发生的事情,每个孩子都有自己的想法。)

教师:你刚来幼儿园的时候哭了吗?为什么哭?

幼儿1:哭了,因为我可想妈妈。

幼儿2:没有哭。

幼儿3:我也没有哭。

幼儿4:我没有哭。

幼儿5：我哭了，我想妈妈。

幼儿6：我也想妈妈，哭了。

幼儿7：没有哭，我可坚强了。

幼儿8：没有哭。

幼儿9：我没有哭。

幼儿10：我也没有哭。

教师：那你现在还哭吗？是用什么方法让自己不哭的？

幼儿1：我坚持一下就不哭了。

幼儿2：不哭了。

幼儿3：我不哭。

幼儿4：我一直都不哭。

幼儿5：不哭了，因为我想和好朋友玩。

幼儿6：不哭了，我喜欢我的老师。

幼儿7：我一直都不哭。

幼儿8：不哭了。

幼儿9：不哭了。

幼儿10：不哭。

现在是入园后一个月，10名幼儿都说现在已经不哭了，因为幼儿园里有好玩的事情。

教师：你在幼儿园有好朋友吗？是谁？

幼儿1：有好朋友，是小星。

幼儿2：有好朋友，好朋友是佩佩和文文。

幼儿3：好朋友是小雨。

幼儿4：好朋友是聪聪和小星。

幼儿5：我的好朋友是高兴和谢谢。

幼儿6：我的好朋友是瑶瑶。

幼儿7：有好朋友，是诺诺。

幼儿8：我的好朋友是涵涵。

幼儿9：我的好朋友是诺诺。

幼儿10:有好朋友,他是小星。

教师:在幼儿园的一天活动中,你最喜欢什么时候?

幼儿1:我最喜欢吃饭的时候。

幼儿2:我最喜欢睡觉的时候。

幼儿3:我喜欢做游戏,睡觉的时候。

幼儿4:我什么都喜欢。

幼儿5:我不知道。

幼儿6:最喜欢玩玩具的时候。

幼儿7:喜欢户外活动的时候。

幼儿8:我喜欢睡觉的时候。

幼儿9:喜欢玩的时候。

幼儿10:喜欢睡觉。

教师:你在幼儿园里会想妈妈吗?想妈妈的时候会做哪些事情?

10名幼儿都说现在在幼儿园不会想妈妈,证明都已经很好地适应了幼儿园的生活,平稳地度过了入园焦虑期。

教师:放学回家后,你会和爸爸妈妈分享幼儿园哪些有趣的事情?

幼儿1:不会,会忘记的。

幼儿2:会分享我今天睡着了。

幼儿3:不会。

幼儿4:放学回家会忘记的。

幼儿5:会分享和小朋友玩的游戏。

幼儿6:会分享玩玩具。

幼儿7:会分享好玩的。

幼儿8:会分享,分享一些事情。

幼儿9:不会。

幼儿10:不会。

10个孩子中有5个孩子会回家给父母分享幼儿园的事情,也有部分孩子说会忘记。

通过对入园一个月的幼儿进行访谈得知，对于幼儿来说，他们的需要随着周围环境发生变化。在幼儿园中，他们的主要情感需要是“是否拥有好朋友”“有没有开心地游戏”“有没有老师的关注和陪伴”。同时通过对大多数幼儿“会想妈妈吗？”以及“想妈妈时会做哪些事情？”这些问题的访谈，发现幼儿能够明白将安全感的来源进行转移——当妈妈不能陪伴时，他们学会将爱放至心底并为自己提供能量，尝试去适应新的环境，接触新的同伴，并与新环境中的人和事产生互动。

二、面向教师的主题访谈及分析

针对幼儿的访谈结果，我们又对10名现在正担任幼儿园小班班主任的教师进行了有关入园焦虑的访谈，她们结合自身的工作经历、经验对小班幼儿入园分离焦虑问题发表了自己的一些看法、问题和建议。

金哲：

今年是我第二次接小班，我觉得今年的幼儿刚入园时的分离焦虑问题压力很大，一方面是因为上一届小班的班级里有三位教师，每个教师都能安抚照顾一部分幼儿；另一方面是因为这一届小班幼儿入园前的三年都在经历疫情，孩子们经常待在家里，和家人在一起，因而第一次离开家上学的他们情绪状态大多较为不好。

如果可以的话，希望幼儿园提前对未入园的小班幼儿家长开设家长学校，提前请家长学习相关的知识并与幼儿园做好配合，协助家长提前做好心理准备工作。

作为教师，我认为大多数幼儿的分离焦虑是受家长影响的，对此我的解决办法是：可以多跟家长反馈幼儿在园的视频照片，了解幼儿在园的状态，逐渐消除家长的分离焦虑，从而让家长配合老师进行幼儿分离焦虑情绪的安抚。

徐佳歌：

小班刚开学时，幼儿哭闹比较严重，一个幼儿哭会引起好几个幼儿跟着哭，还有个别幼儿依赖性强，一直需要跟着其中一位教师，家长放学后还会问很多问题。很长一段时间，为了解决和家长沟通孩子的问题，以及班级的其他工作，我们三位教师身心疲惫，因为个别家长会存在不配合等情况。

希望小班开学前期幼儿园能够和家长沟通好，让家长前期少些焦虑，别给教师施加太大压力。

孙盛楠：

每个幼儿入园焦虑的表现和时长不一样，有的孩子可能两周左右就能适应幼儿园的生活，但是有些孩子需要一个学期，甚至一年，最明显的表现就是入园时一直哭闹，或者每天拿着照片或安抚物入园，之前一个幼儿每天早上在门口哭闹，老师安抚他或者请他冷静一下都不行，家长每天面对这样的情况也很着急焦虑。

如何帮助入园焦虑期较长的孩子尽快适应幼儿园的生活？如何缓解孩子及家长的入园焦虑？作为一个新手班主任，我希望针对这样的个别案例能够得到帮助和支持。

吴磊：

虽然我是一名教龄7年的班主任，但接任小班班主任时依然会有一定的压力。因为刚入园的幼儿平均年龄三岁半，年龄小，规则意识差，所以小班开学初会比较混乱。近几年实行的小班阶梯式入园特别好，有利于孩子由浅入深阶段性地慢慢适应幼儿园生活，建议亲子共同入园的时间可以适当减少一些，增加孩子半天入园的时间。

为缓解入园焦虑，教师可以组织大班和中班的哥哥姐姐向小班幼儿做自我介绍或介绍他们在幼儿园的各种乐趣，以缓解小班幼儿的焦虑情绪；也可以把幼儿分成大班组和小班组，组织他们做混龄游戏以消除焦虑情绪。在班级教师人员充足的情况下，把刚入园的每个环节录视频或拍照片发给家长，第一可以让家长放心，缓解家长的焦虑情绪，第二可以有针对性地进行家园沟通。

张敬：

小班幼儿开学时的分离焦虑，除了引起哭闹、精神紧张、不合群等不良情绪外，个别幼儿也会出现因适应能力差而生病的情况。小班幼儿第一次进入集体生活，在免疫力低下、精神紧张等情况下，生病是在所难免的，希望家长一定要平常心对待。作为班主任，可以提前在家长会上对家长做好温馨提示，或入园前家访时与家长做好沟通，并给家长强调，孩子坚持上幼儿园的重要性，在幼儿园里吃、睡、玩都比较规律，户外活动时间充足，有利于提高孩子的免疫力。生病了就在家休息，病好了就坚持来幼儿园。

黄慧霞：

今年是我第一次当小班班主任，明显能感觉到和带中大班的孩子不一样。小班的孩子年龄比较小，比较可爱，有时候老师说的话可能需要很长时间才能明白。老师为了应对孩子刚入园时的哭闹和分离焦虑已经花费了很长时间，也努力想各种办法让孩子尽快地适应幼儿园生活。在此过程中，也遇到家长跟着幼儿一起焦虑的现象，甚至有个别家长不太理解老师的做法，给我们老师的工作带来了一定的难度和困扰。

截至目前，孩子们都很喜欢来幼儿园，随之而来的是家园共育方面的问题，有些家长可能比较年轻，没有职业，对孩子的教育方面相对没有那么重视，与其沟通孩子在幼儿园里出现的一些问题，需要家长多配合进行共同教育时，家长虽然口头上答应，但是根据孩子的表现来看，家长并没有真正地重视问题。

总之，我们希望能够通过家长会等多种方式方法，来引导家长能够正确面对幼儿的入园焦虑问题，能够积极配合老师实施家园共育，为幼儿携手共创良好的教育环境，让幼儿得到良好的发展。

曹露霞：

关于小班入园焦虑，对于一部分家长来说，与其说孩子焦虑，倒不如说家长面临着更大的入园焦虑，特别是一些专职在家带孩子的家长，面对孩子的突然离开，自己会有很大的心理恐惧，担心孩子吃不好、穿不好、适应得不好，导致自己在面临孩子入园时的哭闹会出现妥协甚至直接接回家等的行为。所以在开学之前对家长进行缓解入园焦虑方面的培训是非常有必要的。

于迪：

刚开始带小班时，对入园焦虑问题确实很头疼，是结合了孩子、家长、老师三方的焦虑。但是经历了以后，内心会更多一层历练后的淡然，明白了孩子确实需要那段漫长的时光，我们老师和家长应该共同把目光放长远，明白分离焦虑是必然的，这是孩子蜕变成长的过程。

我觉得小班前一个月的成长课程，应该将重点放在安全和一日生活常规的培养上，应该给予小班老师更多的时间和精力，这样三位老师才能共同做好幼儿在园里的具体反馈，才能和家长做好一对一的沟通。在小班开学之前，可以请有经验的老师或者专职保育老师一起探讨小班教师在一日生活中面对孩子的状态和需要重视的问题，并和家长做一些深度的沟通。

张雨：

作为新生小班班主任，我面临的问题，就是幼儿入园哭闹比较多，适应得比较慢，午睡情况不好。我先是从心理上转变自己的位置，接受幼儿的现状，想办法让现状变得好一点，我开始看书，看视频，学习小班常规建立的各种方法，了解和学习到了许多，比如小班的一切活动都是要以游戏的形式开展的，比如排队，幼儿不明白什么是排队、站队，那我就用开小火车的游戏来开展教学，我来当火车头，一个一个请他们上火车，让他们一个跟着一个走。

能用唱的不用说的，幼儿对于抑扬顿挫的音调更感兴趣，倾听的时候也更专注，在平时跟幼儿的对话中，我也尝试用唱歌的方法跟他们说话，点名字，他们也愿意听。午睡时我们用对口令的方式进行睡前准备，“123—请躺好，789—闭上口，胳膊伸平腿伸直”，这样的口令对话结束，幼儿就可以边说边做午睡的准备。

充分表达自己的爱意，幼儿喜欢特别直接地表达，我们也要常把爱意流露在外，用对口令的方式进行表达，比如我会说：“爱你呦。”幼儿说：“爱老师。”表达出爱意的同时也是为家长工作做铺垫，如果幼儿能经常把爱教师挂在嘴边，相信家长也会对老师多几分喜爱与信任。

刘金金：

关于小班幼儿的分离焦虑，我认为有两种：

第一种分离焦虑是能力欠缺型。大多数刚入园的小班幼儿的焦虑都是属于不会自己照顾自己，自理能力不强，比如，不会穿鞋，不会穿外套。幼儿没有独自适应生活的能力从而在很大程度上加重了幼儿焦虑的情绪。我觉得家长应该在孩子入园之前，让孩子真正能够掌握一定的自我服务能力，如，独立地穿鞋子、穿外套，自己吃饭、自己如厕擦屁股等。虽然老师会照顾到每一个孩子，但当孩子真正掌握这些自我服务的能力时，他很独立，有自信，在新的环境里会很快适应。

第二种分离焦虑就是情感依恋型。家庭中可能家长对孩子比较娇惯，家长过分溺爱，在溺爱的环境里面孩子以自我为主，家长又不敢放手，孩子到了新的环境，离开家长，情感依托暂时缺失，又不太会与其他小朋友相处，而家长也可能会因为与孩子的暂时分离而不放心，产生焦虑，几种情况在一起会引起孩子内心的不安全感，从而产生分离焦虑，这种情况的分离焦虑一般反应较严重。

希望家长在孩子该上学的前半年，让孩子知道自己的事情自己做，或者做事情前给孩子一些具体的要求，让孩子建立基本的规则和社会行为的规范。另外，家长要提前了解分离焦虑，并在家采取合理的教育方法和策略，减少分离焦虑现象的发生。幼儿园也可以在开学前对家长进行系统的培训，引导家长做好配合，以帮助孩子快速适应幼儿园的生活。

从教师的访谈中可以看出,教师对小班幼儿的入园焦虑问题比较了解,也有自己相应的解决方法的策略,大家都希望得到幼儿园的支持和家长的配合,但相对于年轻的新手教师,她们的经验有限,希望能够得到更多的方法和策略,来解决幼儿长期哭闹和家长不配合的问题。

三、面向家长的问卷调查及分析

关于小班幼儿入园焦虑问题,家长对此的认知、家长的困惑与焦虑集中在哪些方面? 家长朋友希望得到什么样的帮助和希望孩子在小班获得怎样的能力发展? 我们针对不同园区的不同班级 254 位幼儿家长进行了问卷调查。其结果分析如下:

1. 您孩子的性别(如图 1-1 所示)

由图 1-1 数据可以看出,此次统计的结果为男孩女孩比为 1∶1。

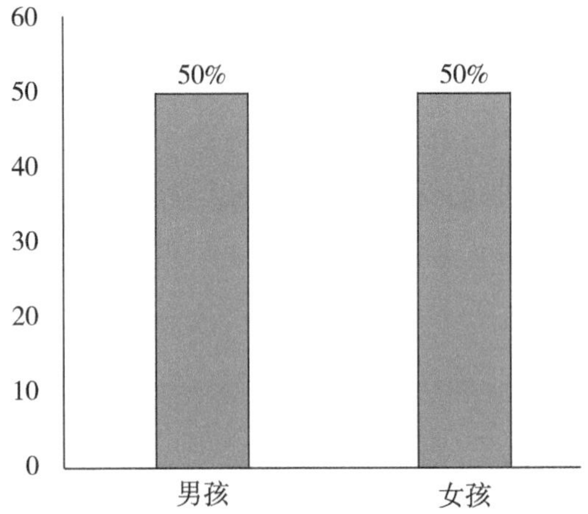

图 1-1　孩子的性别

2. 您的学历(如图 1-2 所示)

据图 1-2 可知,家长学历是本科的占比最多,为 48.03%,大专学历占比为 27.95%,研究生及以上占比为 13.39%,高中或以下占比为 10.63%。

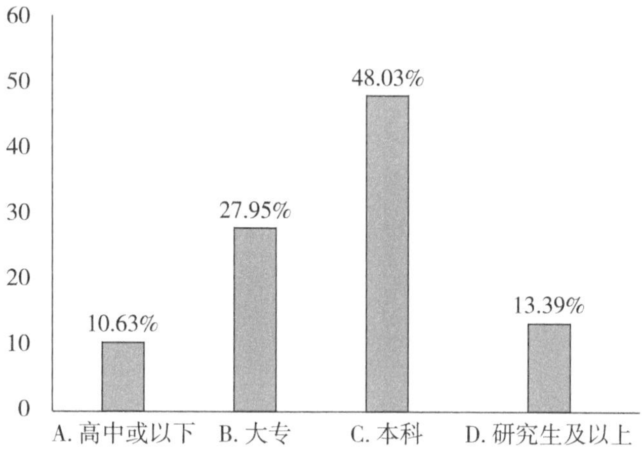

图 1–2　家长的学历

3. 您对 3 ~4 岁幼儿年龄特点了解情况（如图 1–3 所示）

幼儿年龄特点即在儿童心理发展过程中，各个年龄阶段所表现出的一般的、典型的、本质的特征。

据统计，一般了解的家庭占比最多，为 83.07%；非常了解的占比 10.63%；不了解的占比 6.3%。由此可见，绝大部分家长对幼儿的年龄特点了解都不深入，只有少部分家长非常了解，甚至还有一部分家长不了解。

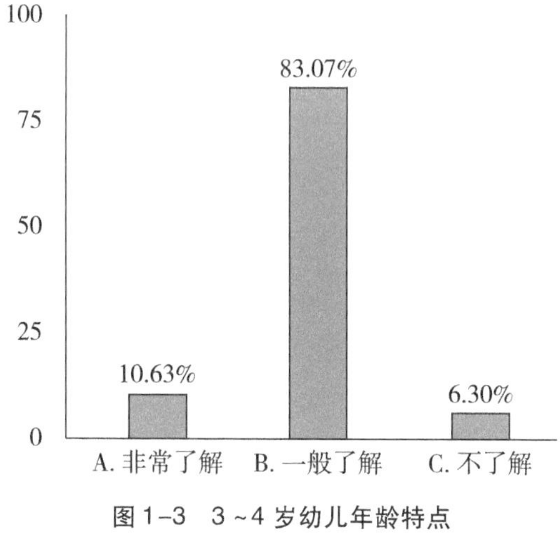

图 1–3　3 ~4 岁幼儿年龄特点

4.3 ~4 岁幼儿敏感期类型(如图 1-4 所示)

3 ~4 岁幼儿敏感期中,执拗敏感期,语言敏感期,人际交往敏感期这三个部分占比分别都在 82% 以上;选择秩序敏感期,剪、贴、涂敏感期占比为 70% 以上;选择逻辑思维敏感期,藏、占敏感期占比为 60% 以上;选择空间敏感期,色彩敏感期,追求完美敏感期占比 50% 以上。家长对于 3 ~4 岁幼儿敏感期的选择占比都在 50% 以上。由此可见,家长对于 3 ~4 岁幼儿的敏感期行为相对比较了解。

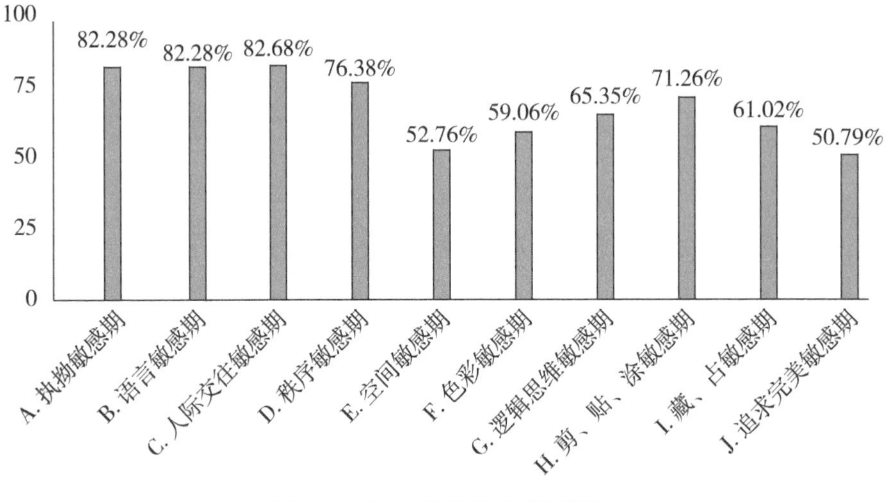

图 1-4　3 ~4 岁幼儿敏感期类型

5. 孩子入园,您最担心的问题(如图 1-5 所示)

数据统计,担心孩子的适应能力(包括人际交往、环境适应),如环境陌生哭闹、不会与小朋友正常交流、害怕孩子受欺负等,此占比最多为 80.31%;担心孩子的身体健康状况占比为 50.39%;担心孩子的自理能力,比如不会表达、会尿裤子等占比为 41.34%;担心孩子的习惯问题,比如注意力不够集中、喜欢乱跑、没有秩序感占比为 57.09%;4.33% 有其他原因。由此可见,家长最担心的是孩子在幼儿园的适应情况,他们担心孩子在遇到陌生环境的时候会不会出现哭闹行为。另外一部分家长比较担心的是孩子的健康状况和孩子的自理能力以及行为习惯。

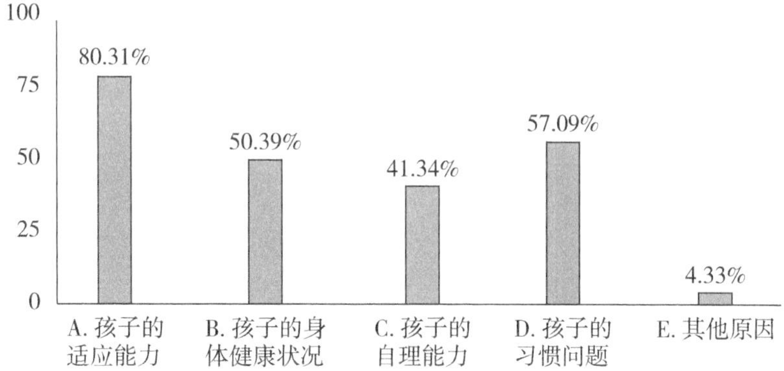

图 1-5　孩子入园后，家长最担心的问题

6. 您对幼儿入园焦虑问题的了解程度（如图 1-6 所示）

据数据统计，知道，不太了解的家长占比 61.81%，占比最多；知道，非常了解的家长占比 33.86%；不知道，不了解的家长占比 4.33%。

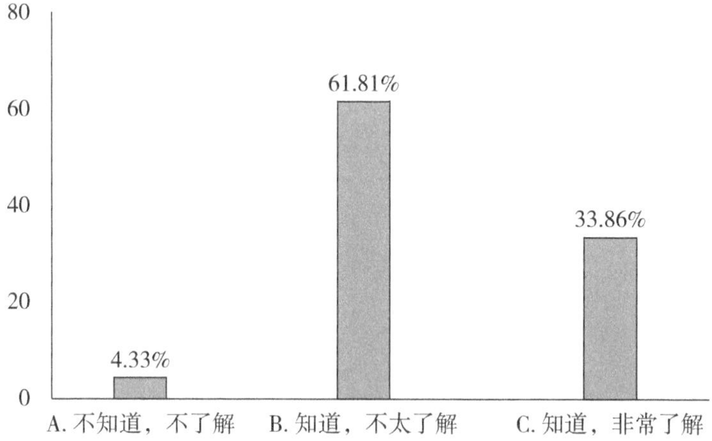

图 1-6　幼儿入园焦虑问题的了解情况

7. 您预计孩子适应幼儿园需要的时间（如图 1-7 所示）

46.46% 的家长认为需要三个星期以内，37.01% 的家长认为需要一个月以内，16.54% 的家长认为需要一个月以上。

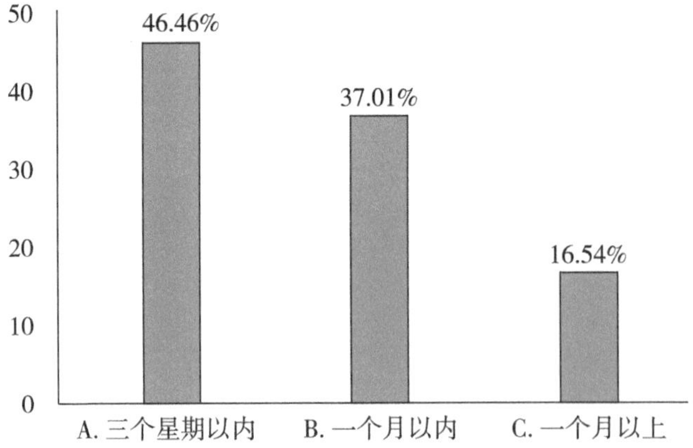

图 1-7　孩子适应幼儿园所需时间

8. 您主动跟幼儿沟通幼儿园的情况（如图 1-8 所示）

入园前您是否主动跟孩子沟通幼儿园情况？如介绍幼儿园生活、参观幼儿园环境等。

据统计，74.02% 的家长会提前向幼儿沟通幼儿园情况，24.8% 的家长偶尔，1.18% 的家长几乎没有。由此可见大部分家长会提前带幼儿了解幼儿园，但也有少部分家长没有带幼儿提前了解过幼儿园。

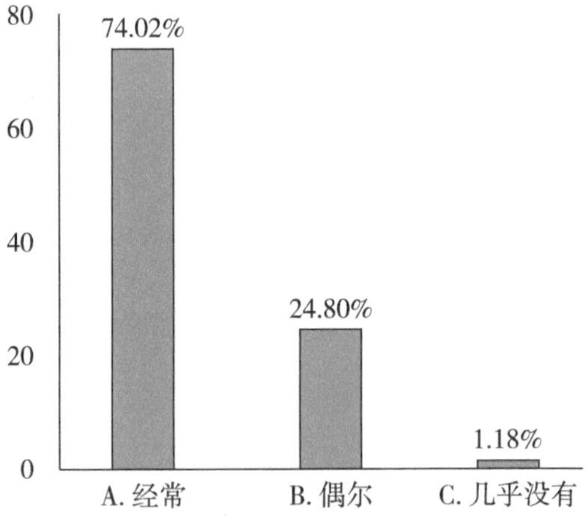

图 1-8　主动跟孩子沟通幼儿园情况

9. 孩子是否会因为身边环境的变化而产生焦虑情绪（如图 1-9 所示）

据统计，75.59% 的孩子会因环境变化而产生焦虑情绪，但不严重；

会,很严重的孩子占比 8.66%;不会的孩子占比 15.75%。由此可见,大部分孩子会因环境变化而产生焦虑情绪,但不严重。

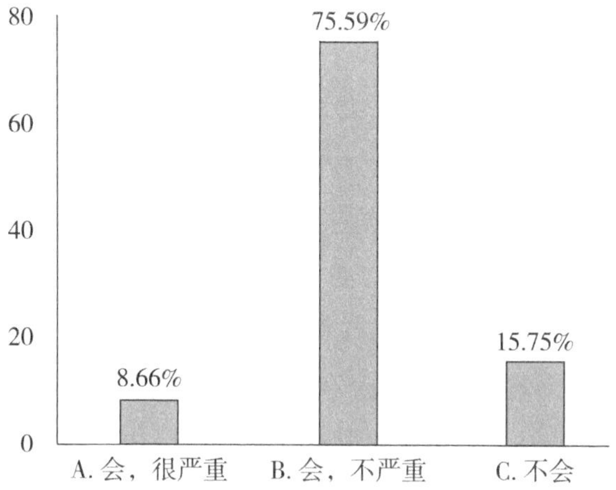

图 1-9　孩子是否因身边环境变化而产生焦虑情绪

10. 您认为孩子入园焦虑的表现(如图 1-10 所示)

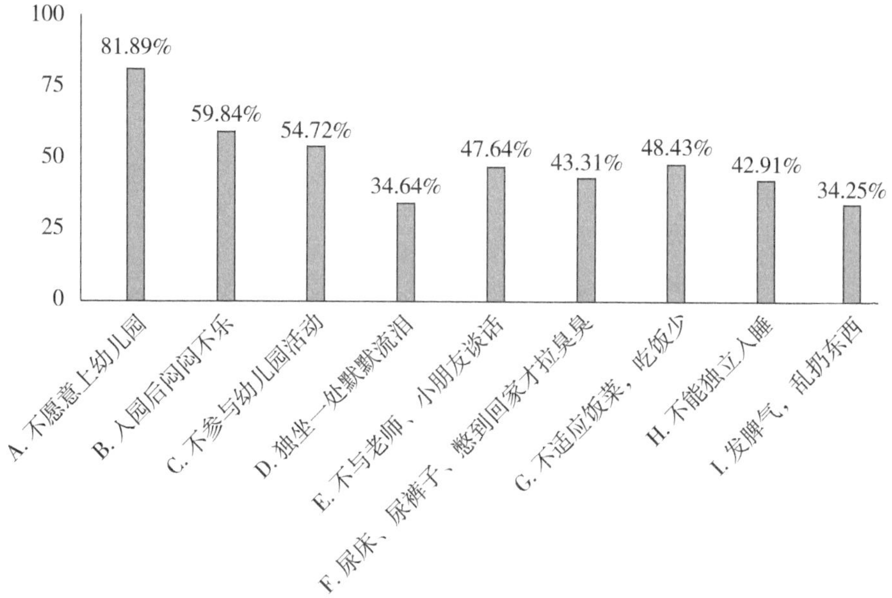

图 1-10　孩子入园焦虑的表现

据统计，家长认为，孩子入园焦虑的表现为不愿意上幼儿园的占比为81.89%；表现为入园后闷闷不乐的占比为59.84%；表现为不愿参加幼儿园活动的占比为54.72%；独坐一处默默流泪的占比为34.65%；不与老师小朋友说话的占比47.64%；尿床、尿裤子、憋到回家才拉臭臭的占比为43.31%；不适应饭菜，吃饭少的占比为48.43%；不能独立入睡的占比为42.91%；发脾气，乱扔东西的占比为34.25%。

11. 您认为造成幼儿入园焦虑的原因（如图1-11所示）

据统计，原因中占比最多的是和父母家人分离，心理不适应，占比88.98%；环境陌生占比79.13%；自理能力不足占比48.03%；语言表达能力弱，占比40.94%；自理能力差占比24.41%；家长或许吓唬过孩子（如不听话送幼儿园），占比11.81%；其他原因占比3.94%。由此可见，家长认为，孩子入园焦虑产生的最主要的原因为和父母家人分离，心里不适应，以及陌生环境导致。另外一部分原因由孩子自身情况导致。

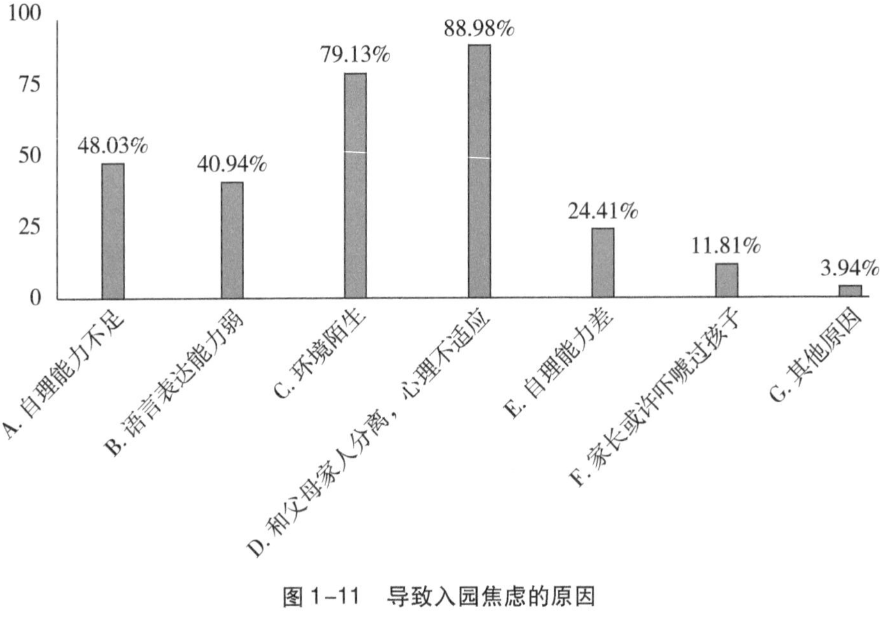

图1-11　导致入园焦虑的原因

12. 伴随孩子的入园焦虑，家长是否产生焦虑及影响孩子（如图1-12所示）

据统计，占比最多的家长认为家长会产生焦虑，但不会影响到孩子占比为46.46%；31.89%的家长认为家长会产生焦虑，并且会严重影响到孩子；21.65%的家长认为家长不会产生入园焦虑，不会影响到孩子。由数据可见，会有一部分家长认为自身的焦虑会影响到孩子。

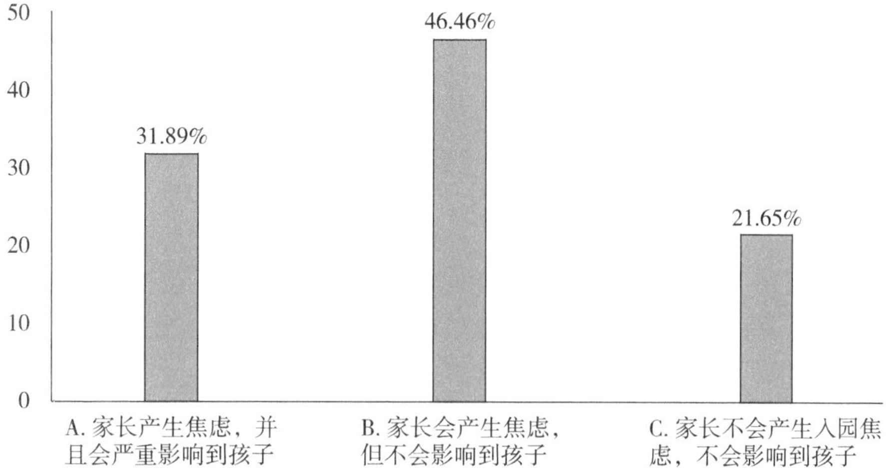

图1-12 家长是否会产生入园焦虑，会影响到孩子吗

13. 您认为帮助孩子尽快适应幼儿园最主要的影响因素(如图1-13所示)

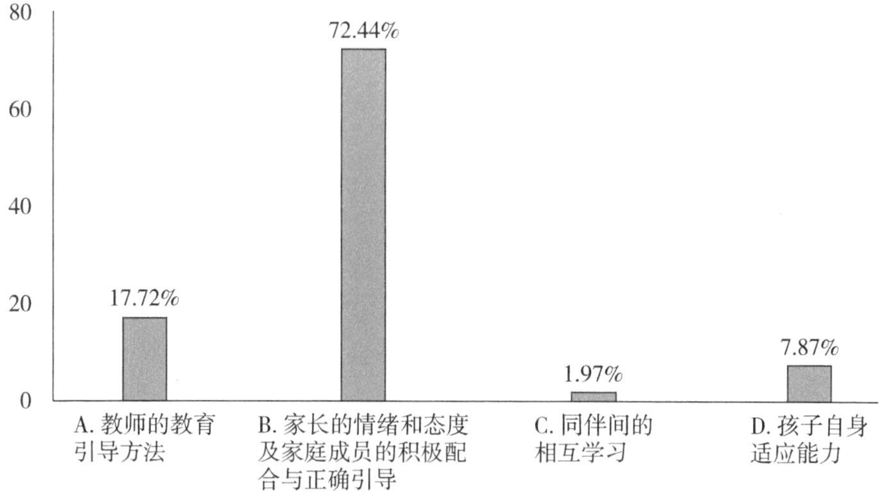

图1-13 帮助孩子尽快适应幼儿园的因素

72.44% 的家长认为,帮助孩子尽快适应幼儿园,最主要的影响因素是家长的情绪和态度及家庭成员的积极配合与正确引导;17.72% 的家长认为是教师的教育引导方法;7.87% 的家长认为是孩子的自身适应能力;1.97% 的家长认为是同伴间的相互学习。

由数据统计可见,大部分家长认为孩子适应幼儿园的主要因素,主要与自己的家庭环境有关,也有一小部分家长认为与教师的教育引导方法有关,其他的家长认为,与孩子的自身以及同伴之间的相互学习有关。

14. 入园时,孩子出现哭闹的情况家长的做法(如图 1-14 所示)

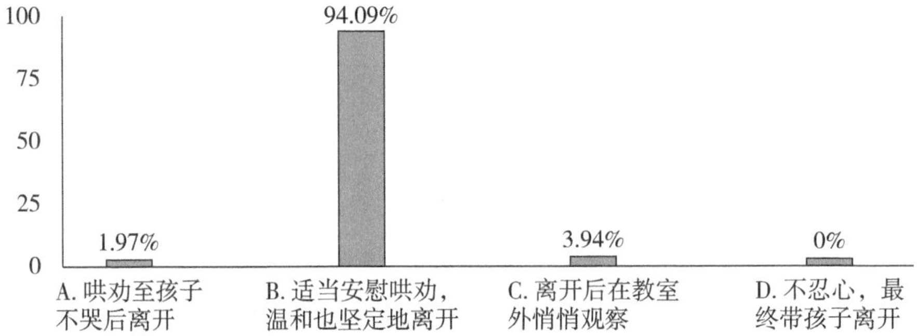

图 1-14　孩子出现哭闹情况,家长的做法

当孩子入园时出现哭闹时,94.09% 的家长认为应当适当安慰哄劝,温和而坚定地离开;3.94% 的家长认为离开后在教室外悄悄观察;1.97% 的家长认为应该哄劝,等孩子不哭闹后离开。由此可见,在孩子入园时出现哭闹时,大部分的家长选择的做法比较科学,但也有少部分家长选择在教室外静静观察,或者是哄劝孩子至不哭闹为止。

15. 您在家对孩子的教养方式(如图 1-15 所示)

73.23% 的家长认为自己是民主型,5.51% 的家长认为自己是专断型,8.66% 的家长认为自己是权威型,2.76% 的家长认为自己是溺爱型,其余 9.84% 的家长认为是其他类型。

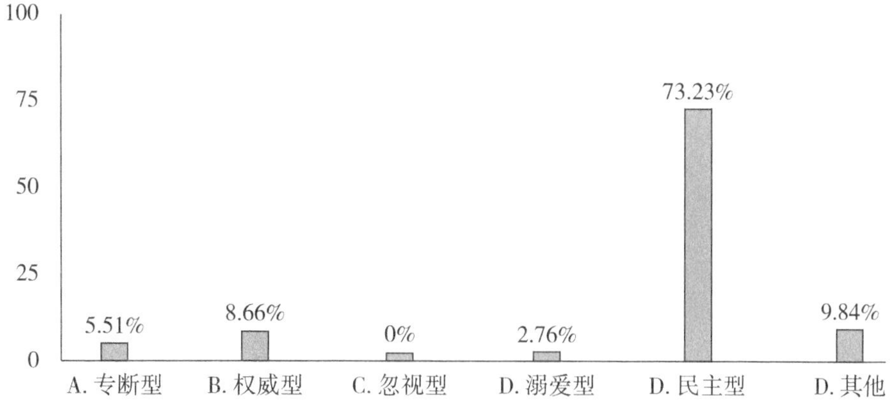

图 1-15　家长对孩子的教养方式

16. 家庭成员之间对孩子的教养方式是否一致（如图 1-16 所示）

由数据统计，有 81.5% 的家庭的教育方式是一致的，但也有 18.5% 的教育观念不一致。

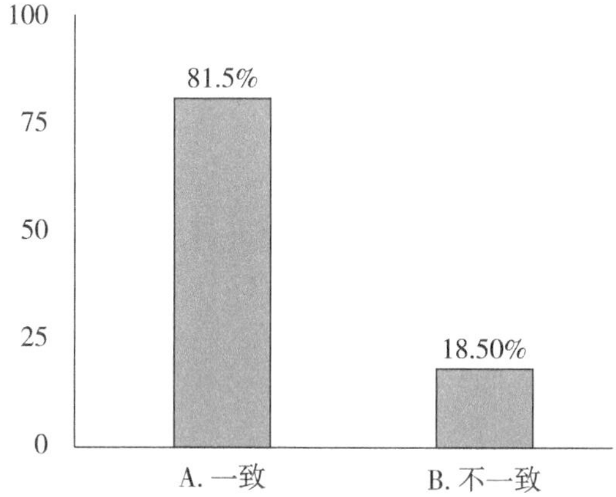

图 1-16　家庭成员之间对孩子的教养方式一致吗

17. 针对入园焦虑问题，您希望获得的支持与帮助（如图 1-17 所示）

由数据统计，家长认为，教师对幼儿的引导和培养占比 78.35%，此占比最高；教师有针对性地帮助指导占比 72.05%，幼儿园科学开展新生入园过渡占比 68.9%；缓解幼儿及家长入园焦虑的方法占比 55.12%，其他占比 1.57%。

由此可见,大部分家长在缓解幼儿入园焦虑的问题上,比较多地想获得的是教师的帮助和幼儿园的支持。

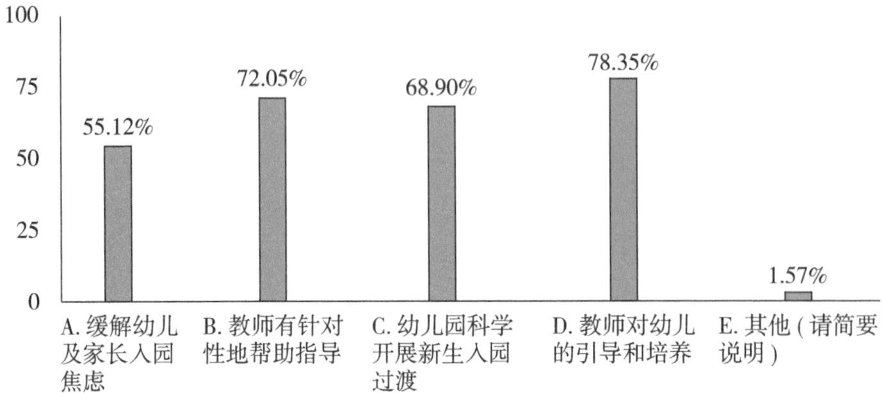

图 1-17　希望获得支持与帮助的方式

18. 小班阶段,您希望孩子在幼儿园获得的发展(如图 1-18 所示)

由数据统计,小班阶段,家长主要希望孩子在幼儿园获得习惯养成、环境适应、情绪状况的发展,占比均在 80% 以上,分别为 96.85%、85.83%、84.65%;其中身体状况、能力发展、知识学习占比分别为:69.69%、67.32%、41.34%。

由此可见,在小班阶段,家长主要想培养的是孩子的习惯以及环境适应和情绪方面的发展,还有各方面能力和身体的发展。

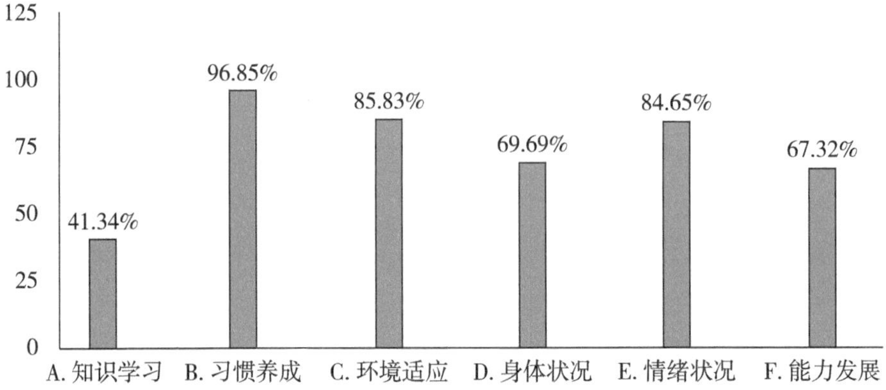

图 1-18　小班阶段的孩子获得的发展

19. 您希望幼儿园开展家园共育工作采取的方式（如图 1-19 所示）

幼儿园开展亲子活动、家长开放日，是家长最倾向的家园共育方式，占比 91.34%；家访谈话、专家讲座以及家长沙龙占比分别为 56.69%、39.37%、35.43%。

由此可见，家长不仅仅希望通过亲子活动、家长开放日进行家园共育，同时也比较倾向于通过一些讲座学习相关知识来了解孩子，进行家园共育。

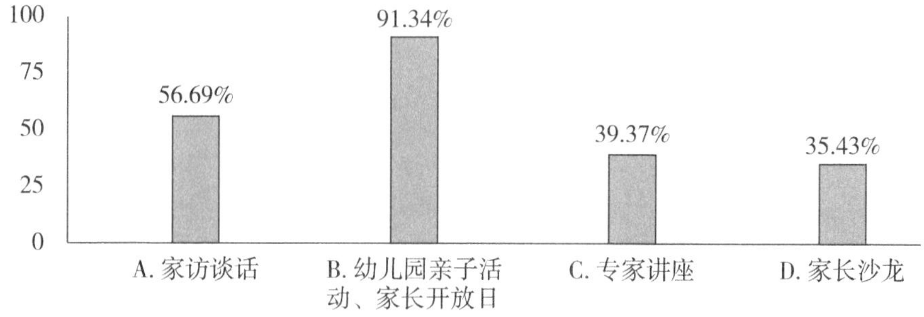

图 1-19　幼儿园开展家园共育工作的方式

20. 为帮助孩子尽快适应幼儿园生活，您做的准备工作（如图 1-20 所示）

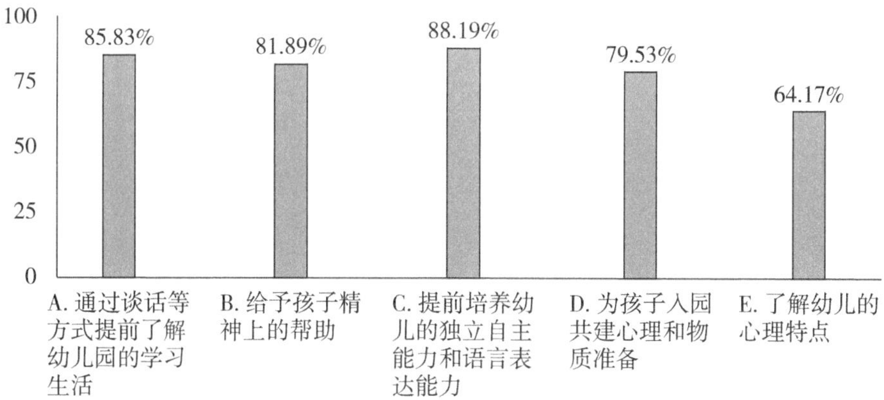

图 1-20　帮助孩子尽快适应幼儿园生活的准备工作

由数据统计可见，为了帮助孩子尽快适应幼儿园生活，家长会通过谈话等方式，让孩子提前了解幼儿园的学习生活，在精神上给予孩子鼓励，以及会提前培养孩子的独立自主能力和语言表达能力，家庭方面也会做好心理上的准备和物质准备，并且会提前了解幼儿的心理特点，为入园的反应做好心理预期。这些选项的占比都比较高，在60%以上，甚至有的达到了88.19%，由此可见为了帮助孩子尽快适应幼儿园生活，家长的准备工作还是比较充足的。

通过对问卷调查的分析，发现影响幼儿入园焦虑的因素主要有：和家长分离、心理不适应、陌生环境、自理能力不足、语言表达能力弱等原因。而在家长看来影响孩子尽快适应幼儿园的主要因素是：家长的情绪和态度及家庭成员的积极配合与正面引导，教师的教育引导方法。针对孩子的入园焦虑，家长希望得到教师对幼儿的引导和培养，教师有针对性的帮助和引导，幼儿园科学开展新生入园阶段，可以看出家长对于孩子的入园焦虑问题希望得到这些帮助，也希望通过亲子活动以及家长开放日了解孩子的入园情况。

第二节
儿童心理剧与家园共育

针对幼儿的年龄特点以及表达能力的有限性,我们采用儿童心理剧的形式将幼儿的所思所想化为具象,站在幼儿视角,遵循幼儿成长规律,进阶性提升,音乐、剧情、表演三位一体,让幼儿在参演、观看的过程中更好地了解自己的情绪,缓解入园焦虑。观看的幼儿看到和自己相似的演绎时哈哈大笑,看到幼儿一系列成长变化的家长也慢慢放下焦虑与不安。从而实现"家、幼、师"三方合作,一起成长,达到以剧育心、以剧育人的目的。

一、儿童心理剧《淘淘入园记》

心理现象与分析

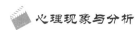

入园焦虑主要是指幼儿在入学时出现的分离性焦虑症状,在临床上主要采用心理治疗。对于入园焦虑的幼儿,心理治疗通过认知行为疗法改善,培养幼儿自理能力,特别是家长与幼儿之间的沟通,包括帮助幼儿扩大与环境之间的接触。在玩游戏的过程中,通过游戏的方式,与其他小朋友建立关系,在幼儿园中设立能使儿童感兴趣的内容,帮助幼儿适应入园焦虑。同时在幼儿园中,教师也要参与到对幼儿入园焦虑的教育中,帮助幼儿提高对于幼儿园的兴趣。

剧本介绍

【基本信息】

单位:郑州市金水区第三幼儿园

主题:小班入园焦虑

适用年级:学前

辅导老师:魏少娜　李雅君　刘毓璇

演出人员：付家霖　朱晨瑜　易佳颖　刘靖谊　谢春晖

【辅导目标】

1. 缓解家长的入园焦虑，帮助其树立科学育儿理念，共情陪伴，实现家园良好共育。

2. 帮助幼儿顺利过渡，缩短分离焦虑时间。

【人物介绍】

淘淘是一名即将入园的小朋友，照料者主要是妈妈。淘淘与妈妈的安全感建立得很好。妈妈是一名全职太太，对于淘淘的衣食起居照顾得无微不至。她对于孩子的教育问题十分敏感，平时会看一些家庭教育短视频。

【剧本简介】

在教师进行家访之后，临近开学之际，淘淘妈妈和淘淘一起陷入了入园焦虑。在淘淘入园的这一段时间，淘淘的入园焦虑先后经过了三个阶段，从号啕大哭到抢玩具不睡觉，再到毫无规则满班跑，这一系列行为反映出淘淘在入园阶段心理的反抗、失望、超脱的变化过程。通过老师们的细心照料，孩子们的友好相处，淘淘逐渐体会到了集体生活的快乐，逐渐适应了幼儿园生活。其中反映出淘淘产生入园焦虑的原因——外面的世界是不是安全的，外面的人会不会像妈妈一样爱他。

本剧共分为四场。第一场：向往永无岛。讲的是淘淘因拒绝上幼儿园而向往永无岛的生活，当他知道妈妈不能和他一起上永无岛的时候，他被迫接受了去幼儿园这一现实。第二场：妈妈什么时候来接我。讲的是淘淘在幼儿园生活中的种种不适应以及心中的种种焦虑，在他的世界里只关心一个话题——妈妈什么时候来接我。第三场：幼儿园里欢乐多。讲的是淘淘逐渐适应了幼儿园生活，因为他发现幼儿园的老师很漂亮，像妈妈一样，幼儿园的饭菜很可口，每天都有新花样，幼儿园的玩具很好玩，幼儿园里的游戏他很喜欢。第四场：和妈妈一起开始新生活。讲的是淘淘主动向妈妈讲述幼儿园的精彩生活，从而缓解了妈妈心中的焦虑。当渡过了这个入园焦虑的阶段，淘淘和妈妈的生活就有了新的开始。

【教师解读】

孩子与妈妈的关系从出生时便需要接纳不同程度的分离，第一次肉体的分离是出生,第一次精神的分离是入园。肉体的分离幸福且无须选择,而精神的分离却让很多妈妈和孩子陷入困境。有人戏称九月是悲伤的,悲伤的不仅仅是孩子,还有一部分家长。而家长的队列中出现焦虑的往往是妈妈,因为如今的家庭教育中,妈妈仍是教育的主力军。

剧中的淘淘和妈妈也是如此。妈妈每时每刻地陪伴着淘淘,对于淘淘来说,只要妈妈在的地方就是幸福的、安全的。在这三年的时光中,淘淘被细致入微地呵护着,对于全职妈妈来说,她的生活除了孩子没有其他。但从精神上来讲,妈妈也应该是一个完整独立的个体。一个精神富足的妈妈,带给孩子的永远是对生活的热爱与希望。养育孩子也不单单是让孩子吃饱穿暖,而是要活出自己,给孩子做典范。对孩子最有用的教育,就是让他看见你也在成为更好的自己。

在孩子入园的过程中,教师和同伴帮助淘淘实现了对社会关系的第一次分离与接纳。在孩子成功入园的路上,妈妈也在成长,也在完成人生的转变。本剧的目的意在警醒家长关注孩子真正的发展需要,帮助孩子实现过渡。同时也帮助家长树立正确的教育理念,与孩子共同成长。

【剧本内容】

第一场,淘淘家里:向往永无岛

第二场,幼儿园:妈妈什么时候来接我

第三场,幼儿园:幼儿园里欢乐多

第四场,幼儿园门口:和妈妈一起开始新生活

第一场　向往永无岛

【幕启】睡觉前淘淘和妈妈一起阅读绘本。听着彼得潘在永无岛上的故事,淘淘开始想象自己在永无岛上的生活。

【道具】双人沙发,小茶几

淘淘(天真,憧憬):妈妈,我也很想去永无岛生活。

妈妈:你想要像彼得潘一样永远做个小孩儿吗?

淘淘没有回答,他在琢磨妈妈说的话。

妈妈:淘淘你为什么想去永无岛?

淘淘:那样我就可以不用去幼儿园了！明天、以后再过一百天也不去了！

妈妈(停顿了一下):如果你去了永无岛,就不能和爸爸妈妈在一起了,你不想我们吗?

淘淘:那你和爸爸可以和我一起去呀!

妈妈:傻孩子,永无岛是长不大的孩子才能去的地方呀！所以爸爸妈妈不能去!

淘淘(皱了皱眉头,抱住妈妈):那我也不去了!

第二场　妈妈什么时候来接我

【镜头切换】第二天早上妈妈和淘淘一起来到幼儿园。

【旁白】淘淘大声哭闹着被老师抱进幼儿园,妈妈眼里也泛起了泪光。

【场景】进到班级里,老师请他坐在小椅子上,面对陌生的环境,他左看看右看看,哭得更伤心了,边哭边喊爸爸,妈妈。

老师:走吧,我们去吃早饭!

淘淘:(看到碗里自己最讨厌的青菜,又哭了起来)我要找妈妈!

老师:(轻轻拍着他的背,一边安慰着他,一边喂他)等放学了妈妈就来接你了。

吃完早饭,老师引导小朋友排排坐。淘淘坐在娃娃家的沙发上,不肯过来。

老师:小朋友们,老师这有很多玩具。我们按照顺序坐在桌子旁边,一起来玩吧。(话音未落,小朋友们争先恐后地跑到桌子旁边,对于没有搬椅子的小朋友老师轻轻提醒)

淘淘看到好玩的玩具也有一些心动,他站起来张望着。

这时,老师面带微笑地走过来:淘淘,我们一起去玩吧!

淘淘没有说话,噘着嘴巴摇摇头。

老师:你看小朋友们玩得多开心啊,我们一起去试一试。

淘淘没有再拒绝,老师带着淘淘到桌子旁坐下。

老师走到每一个桌子旁观察小朋友玩玩具,突然,淘淘又哭了,他旁边的琪琪也哭了。

淘淘（眼睛紧闭，朝天大哭）：我要找妈妈。

琪琪：他抢我玩具，是我的玩具。（有的小朋友停下来看，有的小朋友继续玩）

老师见状，先安慰了琪琪：琪琪先别哭，你先玩其他玩具，老师看看淘淘怎么了。（琪琪很快平复了心情）

老师（蹲下来）：淘淘，你也想玩这个玩具吗？

淘淘看了一眼老师，扭过来继续哭。

老师：淘淘，你可以先玩这个玩具，等一会儿你再给琪琪玩。

淘淘依旧没有说话，只是拿起手中的小车自顾自地玩了。他又继续滑了几下小车，把玩具摔在桌子上，就又去沙发那边坐着了。

【镜头切换】

与此同时，妈妈在家也是坐立难安。

妈妈（以泪洗面）：也不知道淘淘在学校怎么样了，会不会上厕所啊？上厕所的时候知不知道给老师说呀？有没有吃饭啊？会不会一直哭不吃饭？

【旁白】半天的幼儿园时光，在哭闹和沉默的对抗中结束了，在接下来的一个星期内，淘淘用同样的方式参与着幼儿园的生活。然而对于淘淘来说，更痛苦的事情来临了，因为从今天开始，他需要在幼儿园午睡。午睡前，淘淘跑到沙发上坐了下来。对于淘淘来说，这是幼儿园中能让他感觉到安全的重要位置。对于妈妈来说，无聊的生活中最大的期待是熬到下午5点接淘淘放学，逛街无聊，一个人吃饭无聊，没有淘淘的生活，安静得似乎每分每秒都充斥着无聊。

【镜头切换】

老师帮小朋友们整理好被子之后，走了过来：淘淘，你想去看一看你漂亮的小被子吗？

淘淘沉默着，老师刚想抱抱他，他却大喊：不要，我不要睡觉，我要回家，我要回家。

老师把他的小被子拿了过来：要不，我们今天在沙发上午睡吧？你先起来，老师把小被子铺一铺。

淘淘从沙发站了起来,老师将小被子铺好。

老师:来,你躺下来试一试?

淘淘站在那一动不动,小嘴巴噘着,扭着头不看老师。

老师:这么漂亮的小被子,妈妈还在被子上缝了漂亮的名字贴,淘淘不要的话,老师就给别人了。

淘淘伸手拉过被子:不要,这是妈妈给我准备的被子。

老师:不睡觉的话就用不到被子了。

淘淘拉起被子就往身上盖。老师笑了笑,帮淘淘脱了鞋子,让他躺在沙发上睡觉。

第三场　幼儿园里欢乐多

【旁白】可淘淘哪里能睡着,他双手拉着被子,放在嘴巴下。眼睛瞪得大而圆,小嘴巴里还在念叨着:妈妈,妈妈!老师轻轻地拍着他,过了半个小时,一个小时,淘淘的小眼睛终于眨巴眨巴睡着了。两周过去了,淘淘已经接受了要上幼儿园这个事实,但是,新的状况又发生了。

【场景】

(淘淘像个花蝴蝶一样满班跑),昊昊也跟在后面,老师在上课,两个人“嗖”的一下跑到建构区,拿起玩具就玩。

老师:淘淘、昊昊快回到位置上。

淘淘:好吧。

刚回到位置上,他看到月月的小蜜蜂发卡很漂亮,就伸手去拉。

月月(生气地大叫):老师,淘淘拉我头发。

老师:淘淘,快坐好。

淘淘:好吧。

【旁白】淘淘坐在椅子上,咬咬手指,吐吐舌头,觉得无聊极了,老师讲的课,他也完全不想听。

突然,淘淘大喊:我要回家,妈妈什么时候来接我?

这时,婷婷走了过来:你不要哭了,等放学了妈妈就会来接我们了。

淘淘:妈妈什么时候下班?

婷婷：我们放学了妈妈就下班。

淘淘：我们什么时候放学？

婷婷：你安静一点，吃完晚饭就放学。

淘淘不哭了，点了点头，那好吧。

【旁白】吃晚饭的时候，淘淘一直想着吃完饭就放学，第一名吃完了晚饭，老师表扬了他，他心里美滋滋的，得意极了。

小朋友排队放学，昊昊走过来：淘淘，明天你早点来，咱们俩晨间游戏的时候去玩沙水池。

淘淘（高兴地点点头）：那你明天也早点来。

婷婷（也扭过头）：你要是明天不哭，我给你带个礼物。

琪琪：是呀，你怎么每天都哭？

淘淘（插着小腰）：哼，我才不哭呢！明天我会第一个来幼儿园。

第四场　和妈妈一起开始新生活

【旁白】照顾淘淘的生活是淘淘妈妈全部的工作。面对分离，在淘淘入园焦虑的这段时间内，妈妈比淘淘更焦虑，没有了工作，更没有了成就感。她害怕淘淘不适应，更重要的是，没有淘淘的8小时，她更不适应了。放学了，淘淘一蹦一跳地跑了出来，这让妈妈惊喜极了。

淘淘（拉着妈妈的手）：妈妈，明天我要第一个到幼儿园。

妈妈：为什么呀？

淘淘：因为我要和昊昊一起玩沙水池。

妈妈：真棒小宝贝！今天在幼儿园里有什么开心的事情吗？

淘淘（想了想）：有呀，学会了儿歌《我上幼儿园》——爸爸妈妈去上班，我上幼儿园，我不哭也不闹，叫声老师早！

妈妈（高兴地拍了拍手）：真棒呀，唱得太好听了！

淘淘（拉了拉小书包，得意极了）：当然了，幼儿园里还有很多好玩的呢，婷婷还说，如果我不哭，明天要给我带礼物呢！

妈妈（笑了笑）：那妈妈明天也去找一个工作好不好？

淘淘：好呀好呀，爸爸妈妈去上班，我上幼儿园！

【旁白】淘淘慢慢地适应了幼儿园的集体生活，而妈妈也发现自己需要合理地安排孩子不在身边的时间，伴随着淘淘和妈妈入园焦虑结束，迎接他们的是崭新而又明朗的新生活。

幼儿园教育指导

(一)入园前了解孩子——家访

在幼儿入园前教师应该提前进行家访，可以从日常生活、性格特征、社交能力、言语表达、家庭情况这五个方面进行了解，并用亲切的语言取得幼儿的信任和对入园的向往，减少幼儿的入园焦虑，通过了解能根据不同的幼儿采取不同措施。接纳幼儿会有分离焦虑的正常现象，认识到不同的幼儿处于这个阶段会有不同的表现，做好应对各种场面的勇气和心理准备。这是第一步。

(二)入园时各种游戏适应幼儿园

1.10 秒钟拥抱小游戏

拥抱能够减轻身体和心理上的紧张，降低因压力产生的肌肉紧张和心理焦虑，同时，还能够让人更好地感受彼此之间的关怀和爱意。久而久之，人们的亲密关系也会因此变得更加牢固。拥抱对于改善心情、调节情绪非常有好处。

入园时教师可以站在大门口带一个幼儿喜欢的卡通人物头饰和每位幼儿拥抱，这样做看起来很简单，但其效果会很显著甚至很神奇。把我们的心跟幼儿的心贴近，我们的心场跟幼儿的心场就容易融通，这是解决幼儿入园心情紧张不安的秘密武器。

2. 娃娃家角色扮演游戏

娃娃家里有小床、小柜子、小沙发、小娃娃等，是一个缩小版的家，幼儿可以带一些自己喜欢的布娃娃投放进娃娃家。通过扮演爸爸妈妈的角色以及在创设自由、安静、舒适的环境中找到安全感。

3. 社交小游戏

社交小游戏可以让幼儿在玩游戏时减轻入园焦虑，并同时提高社交能力、情绪管理能力以及认知能力。

（1）传悄悄话。全部幼儿排成一行，老师悄悄地把一句话说给第一位幼儿听，后面的人挨个传话，最后一位幼儿大声宣布自己听到的话。

（2）伙伴迷宫。在教室内设置小型障碍物，如枕头等，两人一组，一人蒙眼，由另一人牵手辅助走出迷宫。用时最短的组获胜。

家庭教育指导

一定的焦虑有助于孩子的成长，但长时间的焦虑则会影响孩子的健康，这也正是许多家长所担心的。孩子入园的不适应困扰着家长，甚至动摇送孩子入园的决心；然而，家长的担忧、摇摆和焦虑反过来又会强化孩子的焦虑。所以，要有效缓解孩子入园的焦虑，家长首先要调整好自己的心态，放心把孩子交到教师手上，相信教师有办法解决孩子的问题。家长放心，孩子才可能安心。

（一）幼儿方面

1. 培养分离适应能力

从孩子的心理发育特性来看，入园焦虑在所难免。事实上，2～3岁的孩子看到父母出门上班，只会觉得失落。

但3～4岁的孩子就很聪明了，已经能够预感到分离即将到来。上幼儿园，就意味着要跟父母分离，新环境、新社交，这些都会加剧孩子内心世界的崩塌，使其焦虑不安，难以适应。所以父母有必要提前在家跟孩子做“分离适应”的训练，让他们提前适应离开父母生活。

（1）用游戏的方式诱惑孩子主动分离。约定好要是今天能主动自己玩半小时，就能获得什么奖励。激起孩子对独立的渴望，让他会因为想要维护自己的独立，自动挣脱你的手跑开。

（2）在家多和孩子练习短暂分离。可以让孩子在客厅玩，妈妈回房间，从分离10分钟、半小时到1小时或更长，逐渐练习。

以上两种方式，建议从入园前1～3个月就开始有序进行。

2. 提前做好心理建设

（1）描述幼儿园的美好。发挥想象力将幼儿园编成故事讲给孩子，让孩子第一次接触“幼儿园”这个概念时，就觉得这是小朋友都要去的好地方，让孩子对幼儿园充满期待和向往！告知孩子去上幼儿园可以交到好多朋友，大家可以一起玩耍。

(2)让孩子了解幼儿园。可以提前带着孩子去附近的幼儿园看看里面到底是什么样的，增加其熟悉感。或者家长在挑选幼儿园的时候，也可以带着孩子一起，参考他们的意见。另外，还可以在家跟孩子玩角色扮演，模拟在幼儿园里的日常生活。

最后，也可以借助绘本，如《我爱幼儿园》《幼儿园的一天》等，来加深孩子对幼儿园的了解，同样有助于缓解未来的入园焦虑。

(二)家长方面

孩子入园，最担心的还是家长，让孩子顺利入园，首先应该缓解家长的入园焦虑。

1. 学会相信孩子

不用担心孩子在幼儿园吃不好，受欺负。只要我们提前教过方法，孩子都会记得。而且他们适应能力非常强，要相信孩子会自己想办法解决问题。

2. 信任老师

如果孩子因入园分离焦虑哭闹，相信教师会处理好的。

3. 多和家人沟通

家里老人总是担心孩子哭闹或者吃不好。父母应和爷爷奶奶等组成统一战线，不要让这样的焦虑影响孩子心情，让孩子产生厌学的情绪。

4. 学会放手

我们种的小树开始要展叶了，放手让孩子去享受世上灿烂的阳光，也要接受狂风暴雨的洗礼。我们唯一可以做的，就是无条件地支持和鼓励。

二、儿童心理剧《幼儿园，我来啦》

心理现象与分析

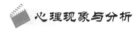

入园焦虑主要指的是分离焦虑，特别是在幼儿入园的过程中，由于与主要的照料者分离而出现的分离焦虑。幼儿往往表现为特别的担心、紧张、害怕，出现哭闹打滚等激烈行为。有的幼儿会出现满头大汗，或者呼吸急促、手抖、腹痛、腹泻等症状，为此而痛苦不已。这在临床上可以通过系统的心理调整，特别是关心、支持幼儿来改善。对于入园分离产生的症状给予关爱、理解和支持，帮助幼儿尽快地适应幼儿园的生活是非常关键的，这也是非常重要的缓解入园焦虑的内容。

（一）幼儿入园焦虑现象描述

1. 入园情绪不稳定

小班幼儿入园情绪不稳定常常表现为哭闹。刚入园时，幼儿常常会持续号啕大哭并难以平静下来，有时还表现出拒绝他人亲近或伴随激烈的攻击性行为。

2. 人际交往困难

初入园的幼儿，对于新环境、新同伴都比较陌生，有些幼儿总是一个人独处，不愿意与外界互动、表达自己的想法。有些幼儿还会表现出拒绝的行为，否则就会哭闹不止。还有一部分幼儿则表现为过度依赖教师，不与其他人相处，一直跟着教师。

3. 生活环节难以适应

生活环境的改变，让一些幼儿表现出吃饭困难，如挑食、偏食、拒食等，还有很多幼儿在午休时难以入睡，表现为想回家、哭泣不止，或是在教室乱跑，难以使其安静下来。

（二）幼儿入园焦虑原因分析

1. 客观现实因素

幼儿入园前在家中养成的生活规律与习惯，常常会与幼儿园有所不同。睡觉时间、饮食方式、生活习惯等的变化让幼儿感到不适。幼儿园以集体生活为主，班级的环境创设也与家里相差甚远，陌生的环境需要一定的适应时间。

2. 幼儿心理因素

环境与相处对象的改变让幼儿一时难以适应，面对陌生的一切，幼儿常常会感到安全受到威胁、担心、害怕。幼儿与家长的亲子关系越稳固、依恋程度越大，在分开时就显得更为艰难，幼儿更容易产生抗拒入园的心理。

3. 家长因素

家长平时不经意的消极暗示，容易加重幼儿的心理焦虑。有些家长对于幼儿的不听话、哭闹，可能会吓唬称“再哭就不来接你了”，增添了幼儿对幼儿园的恐惧。而在送幼儿入园时，家长为了缓解幼儿一时的哭闹情绪、以便顺利送进幼儿园，可能会欺骗幼儿说“妈妈去买个东西一会儿就来接你”，而幼儿对于家长悄悄失踪、食言等行为，会产生极大的不信任感、不安全感，从而加重焦虑情绪。

4. 同伴影响

幼儿的情绪不稳定，极易受到他人影响，看到其他幼儿哭闹，自己也会不由自主地伤心难过。初入园时家长流露出的焦虑情绪，如在园门口迟迟不肯离开、担忧、流泪等也会影响幼儿的情绪。

（三）家长入园焦虑现象描述

在面对入园焦虑问题上，成年人的焦虑和幼儿的焦虑有着共同点，但也有独特之处。大多数家长表现为孩子进入幼儿园后，不愿离开，时刻担心着孩子在园的状态。对于很多家长来说，每次送孩子去上幼儿园，就像经历了一场战斗，面对孩子的号啕大哭、老师强行把孩子抱走……这些对于家长来说其实都像是一种折磨和考验。

1. 担心幼儿的情绪状态

家长其实最担心的就是孩子在幼儿园里有没有哭闹，有没有因此而对老师造成麻烦，但其实家长担心孩子哭闹的原因还是怕孩子太思念家长，没有办法适应陌生的环境而感到孤独和害怕，这会让很多家长都非常担心和心疼。

2. 担心幼儿的生活方面

从幼儿生下来之后，基本上都是爸爸妈妈一手在照顾，饭来张口、衣来伸手，从来都没有自己好好吃过饭和穿衣服，而到了幼儿园之后，幼儿的一切都必须靠他自己。有些幼儿在家里面吃饭的时候总是东跑西跑，吃饭非常困难，而这个时候，很多家长就会担心自己孩子的一日三餐有没有吃好，有没有吃饱，有没有挑食。

3. 担心幼儿的社交问题

对于上幼儿园的小朋友来说，还有非常重要的一点就是交朋友，幼儿园里面有各种各样不同的小朋友，去幼儿园上学是踏入社会的第一步。

面对各种各样的小朋友，很多家长都会担心自家的孩子在和这些小朋友交往的时候，有没有发生冲突，或者矛盾。

（四）家长入园焦虑原因分析

1. 初次与幼儿分离

从幼儿出生到上幼儿园之前，孩子几乎一直都是待在家长身边的。家长对孩子的情感是非常浓厚的，生怕孩子受到委屈和伤害，所以从孩子出生开始，父母对孩子都非常保护和爱惜。孩子离开自己去上幼儿园之后，第一次这么长时间地离开自己，家长会感到非常不安和担心，这种心理是正常的。

2. 幼儿的自主能力欠缺

现在大多数的幼儿都是独生子女，基本上没有受过挫折，任何事情都由爸爸妈妈包办代替，但是上了幼儿园之后，这一切都不再存在了。就是因为这样，家长才会担心孩子有没有在幼儿园里好好吃饭喝水，其实都是因为幼儿的各项生活自理能力还不达标。

3. 幼儿入园打破了家长原有的生活状态

现在孩子去上幼儿园的时间基本是在三岁半的时候，在这之前父母和孩子朝夕相处，孩子非常依赖父母，离不开父母。而孩子不得不去上幼儿园的时候，家长面对空荡的房间可能会有些许不适应，所以时时刻刻都会想着孩子，从而产生焦虑。

剧本介绍

【基本信息】

单位：郑州市金水区第十幼儿园

主题：小班入园家长分离焦虑问题

适用年级：学前

编导老师：刘铭慧　马晓珺　曹露霞　黄思思

人员:李莱甦　王子桐　杨沐晨　刘宸宇　邵裕童　杨延鹤　林锦阳

【辅导目标】

1. 缓解小班幼儿入园产生的分离焦虑。

2. 家长正确认识幼儿初入园产生的各种不适现象

【人物介绍】

悠悠3岁9个月了,在进入幼儿园之前,是一个安静乖巧、听话懂事的小男孩。9月新学期开学两周后,悠悠依然存在入园困难的情况,在幼儿园里抗拒与人交往,情绪十分不稳定。

【剧本简介】

开学已经两周了,大部分小朋友都能够逐渐适应幼儿园生活,老师发现悠悠每次早入园时都很困难,哭闹不止。进入班级后经常要花很长时间才能安静下来,偶尔还会抗拒进餐,多次在午睡中哭着醒来要找妈妈。针对种种情况,老师在放学后与悠悠的家长进行了一对一的沟通交流,后来,在老师、家长共同的关爱下,悠悠终于克服了分离焦虑,融入了幼儿园这个大家庭,和小伙伴们在太阳下快乐地玩耍。

【教师解读】

入园焦虑是指一种常出现在学龄前期,幼儿在与亲人分离或离开其熟悉的环境时出现哭闹的情况,害怕与父母或其他的依恋对象分离,不想去幼儿园这一陌生环境表现出的过度苦恼、焦虑、紧张和不安的情绪。从温暖熟悉的家庭进入幼儿园,是小班幼儿心理质变的一个重要阶段,也是幼儿心智成长的重要节点。悠悠告别了家人与熟悉的生活环境,走进陌生的幼儿园并与陌生的老师和同伴互动,心理上将面临着重大挑战,因此在入园后产生一系列生理、心理上的不适应。针对这种情况,教师及时与家长取得联系,关注孩子的变化,并在悠悠情绪稳定时和他交流、谈心。最后,在老师、家长共同的关爱下,悠悠终于克服了分离焦虑,融入了幼儿园这个大家庭。

本剧的目的是让家长能够客观、理性地看待孩子入园焦虑的种种情况,同时调整自己的心态,树立科学的教养观念,帮助孩子顺利度过入园焦虑期。

【剧本内容】

这是发生在一名叫悠悠(化名)的孩子身上的真实故事。教师在开学前家访时了解,悠悠是一名安静乖巧的小男孩。可开学后两周时间过去了,悠悠仍然哭闹不止,不愿意来上幼儿园,天天把“想妈妈、想回家”挂在嘴边,有时饭也不吃,精神状态十分不好。教师在开学前几天观察到悠悠存在分离焦虑的问题时,十分重视,立刻与家长进行针对性的沟通,商讨解决办法。同时在幼儿园日常活动中,关心引导悠悠,鼓励大家带他一起游戏,终于,悠悠克服了心中的焦虑、不安,融入幼儿园这个大家庭。

第一幕　问题呈现

【背景音乐】《爱上幼儿园》

【旁白】今天是入园第一天,小朋友们都陆续进入幼儿园,悠悠则一直在学校门口拉着妈妈的手,迟迟不肯进来。

【背景音乐】《小星星》伴奏曲

吃饭时,悠悠一直哭闹:“我想妈妈,我要回家。”

老师帮助悠悠擦了擦眼泪,告诉他妈妈放学就来接他了。

室内游戏时,悠悠一人待在旁边,不玩玩具,嘴里嘟囔着:我想妈妈,我不想上幼儿园……

老师牵着悠悠并试图引导悠悠玩玩具。

户外游戏时,小朋友们开开心心地玩游戏,悠悠一个人拉着老师的手,呆呆地看着学校大门的方向,嘴里说着:“我想妈妈,我要回家,我不想上幼儿园。”

午睡时,老师抱着悠悠,悠悠哭着说:“我想妈妈,我要回家。”

【旁白】一整天的活动中,悠悠都一直在哭着说:“我不想上幼儿园,我想妈妈,我要回家。”

【镜头切换】

【场景】家中

悠悠:妈妈,我明天不想上幼儿园。

妈妈:好的好的,悠悠乖,悠悠听话,我们明天就不上幼儿园啦!

第二天清晨

妈妈:我们去幼儿园门口看看,我们不进去。

悠悠放声大哭,妈妈拉着悠悠去幼儿园。

第二幕　悠悠和妈妈

【旁白】悠悠妈妈是一个全职妈妈,平常的生活重心都放在悠悠的身上。对悠悠也是非常宠爱。

平常在家无论是吃饭还是穿衣服,只要是关于孩子的事情她都会亲力亲为,帮助孩子去完成。

(妈妈追着孩子喂饭场景)

妈妈:悠悠,吃饭啦,不要再玩玩具啦,来,张嘴,啊——

悠悠:不要,不要,我不喜欢吃这个!

妈妈:好好,我们不吃,那你喜欢吃什么,我去给你做。

【镜头切换】

【场景】幼儿园门口

【旁白】今天周一上幼儿园,在家玩了两天的悠悠走在路上看起来又有些不高兴。

妈妈(一脸担心):没关系的悠悠,妈妈很快会来接你的,在幼儿园如果遇到有人欺负你,一定要告诉老师,想尿尿了要告诉老师,不舒服了也要告诉老师……(一直说不停)

【旁白】在门口,悠悠妈妈又开始拉着老师的手交代事情。

妈妈(急匆匆):老师,悠悠这两天有点吃多了,在幼儿园不要给他吃那么多了,要是热了记得给他把马甲脱了,刚刚保健医生晨检时说他嗓子有点红,记得提醒孩子多喝水啊……(一直说不停)

老师:好的,您放心吧,悠悠妈妈,我们会多注意的(把孩子接过,领着孩子进入幼儿园)。

【旁白】悠悠妈妈还是不放心,一直站在门口往里看,久久不愿离去,直到孩子进班。

第三幕　家校沟通

放学后，老师主动联系了悠悠的父母。

老师：你看。（拿着悠悠在校的视频给悠悠妈妈）

妈妈：老师，这是真的吗？我真的没有想到，孩子在幼儿园原来没有我想的那样难过。（悠悠的妈妈看着视频中的孩子，惊讶地望着老师）

老师（安抚着悠悠妈妈）：是啊，其实孩子除了早上入园时有些哭闹，其他时候都挺好的。

妈妈：老师，谢谢你的关注，可是有时候我总是担心孩子，我们作为家长应该怎么做呢？（悠悠妈妈好像明白了什么，握着老师的手）

老师：幼儿在入园之初，会因为环境的改变而产生焦虑，孩子在与家长朝夕相处中，已经建立了亲密的依恋关系，这种关系构筑了幼儿安全感和依赖感的基础。所以在上幼儿园初期，孩子突然离开了原有的依恋对象，让他顿时无依赖感、无安全感，这是正常的，所以需要家长相信老师，老师会关注到每一个孩子，因为有时家长的焦虑情绪也会传染给幼儿，所以需要家长早上送完孩子之后温柔而坚定地离开。

【背景音乐】《天空之海》

【旁白】悠悠的妈妈通过参加幼儿园提供的家长系列课堂，学习了解儿童心理学，了解入学前儿童的入学焦虑，慢慢地意识到自己对孩子无时无刻地关注，会使孩子也陷入一定的焦虑中。通过不断学习，悠悠的妈妈开始去相信孩子的适应能力，在小朋友们的陪伴下，在老师的鼓励下，在家长的配合下，老师注意到悠悠越来越活泼，更加愿意上幼儿园啦。

在放学谈话中，老师问孩子们每天最开心的事情是什么，轮到悠悠发言，他开心地望着老师说道：每天最开心的事情就是早上来幼儿园。

老师也借机开展了关于上幼儿园的绘本故事，让大家感受上幼儿园的美好，并希望孩子们每天都能开开心心地上幼儿园。

【旁白】现在的悠悠在老师和同学们的关爱下，找到了快乐，喜欢上了幼儿园。

悠悠：现在的我每天都能开开心心地来幼儿园，我喜欢和幼儿园的老师、小朋友们做游戏。

【背景音乐】《爱上幼儿园》

【结尾画面】妈妈牵着悠悠的手，悠悠大声喊道：“幼儿园，我来啦！”

【字幕】谨以此剧，献给有入园焦虑的家长朋友和孩子们，“相信”是最有力的赋能，祝愿每一个孩子都能健康快乐地成长！

幼儿园教育指导

作为学前教育机构，幼儿园和教师要随时做好干预的准备，积极帮助幼儿适应幼儿园。我们从幼儿园及教师的角度出发，提出应对幼儿入园焦虑的一些指导意见。

（一）合理配置教师资源，做好迎新工作

小班的适应性教育一般由两名教师和一名保育员配合完成。稳定的教师团队有助于幼儿对幼儿园及教师建立信任感、安全感。有经验的教师比较了解幼儿的身心发展特点与规律，能妥善处理幼儿的焦虑、不适应行为，帮助幼儿尽快适应幼儿园生活。幼儿园要加强教师培训，合理配置教师团队，做好迎新工作。

（二）建立合理的入园制度

阶梯式入园制度指入园后的第一个月，让幼儿每周的入园时间逐渐增加，例如第一周入园半天，不在幼儿园吃午饭；第二周入园半天多的时间，幼儿吃完午饭家长接回家；第三周幼儿在幼儿园中睡午觉，睡完午觉后放学；第四周全天入园。实践表明，这种阶梯式的入园方式不仅可以提高幼儿出勤率，缓解幼儿焦虑，也可以缓解家长的焦虑，减少幼儿的哭闹程度。

（三）科学合理地安排幼儿在园的一日生活

1. 阅读关于缓解入园焦虑方面的图书

幼儿园教师积极引导幼儿阅读与上幼儿园有关的图书可以增加幼儿对幼儿园的认知，提高他们的生活自理能力、独立能力，建立教师与幼儿的情感联结，增强归属感。通过故事的方式鼓励幼儿，可减轻入园的焦虑。例如阅读《我爱幼儿园》《幼儿园里的一天》《魔法亲亲》等图书，模仿《我不想离开你》中的袋鼠妈妈、《魔法亲亲》中的魔法亲亲方式，使幼儿通过角色扮演

的方式演绎书中的故事情节，提升共情能力，减少入园焦虑。

2. 开展律动游戏和运动游戏

幼儿接触新的环境和生活会出现焦虑，游戏能抓住幼儿的兴趣并分散想家的注意力，为孩子提供交往的机会，拉近幼儿与教师及同伴之间距离，减轻分离焦虑。因此，幼儿园应组织丰富多彩的游戏，如注重创设有趣味性的、情境适宜的音乐环境和运动环境，让幼儿在游戏互动中喜欢上幼儿园。

3. 鼓励幼儿涂鸦

通过涂鸦游戏这种非语言方式，可以反映幼儿内心的真实世界，宣泄负面情绪，减少焦虑。教师可以适当安排幼儿采取各种方式进行涂鸦游戏，如班级涂鸦区、户外的涂鸦墙等，调节幼儿情绪，缓解入园焦虑。

（四）做好家长的相关工作

开展有关入园焦虑的家长会。幼儿园可以通过线上+线下混合的方式，举办入园前的专题讲座，组织家长观看入园小视频及幼儿园一日生活流程等，使家长掌握正确的教育理念，提升家长素养及教育技能技巧，有针对性地根据幼儿的特点，做好入园心理、生活自理能力、社会交往能力、语言交流能力等方面的准备，减少幼儿入园焦虑的出现。入园前实行面对面一对一家访，让教师提前了解幼儿的相关信息，缩短了解幼儿的时间，有利于对幼儿实施有针对性的教育。

家庭教育指导

分离焦虑是指孩子和主要养育者因分离而引起的焦虑、不安，或不愉快的情绪反应，适当的分离焦虑，是大脑安全系统的必要组成部分，所以，孩子见到陌生人会紧张，分离时会哭闹是很正常的。孩子的适应能力不同，适应的时间有长有短，家长们要正确对待，并且要非常有耐心地陪伴与呵护幼儿。

（一）入园前的准备

1. 提前教会孩子表达需求

平时在家里，家长们要有意识地培养孩子表达基础需求的能力，比如可以教孩子学会说“我饿了”“我有点热”“我想上厕所”“我想喝水”等常用语。开学初期，小班两三个老师面对二三十个孩子，难免会应接不暇。孩子的准确表达能让老师更及时地了解、回应孩子的需求，除了缓解老师的带班压力，更能让孩子快速适应幼儿园生活。

2. 环境的准备

在准备入园前，家长可以不断地给孩子介绍幼儿园是做什么的，告诉孩子幼儿园里有许多可以一起做游戏的小朋友。经常带他去幼儿园附近提前熟悉周围环境，参观幼儿园，认识老师，提前培养孩子的安全感。

3. 培养孩子的独立能力

在入园前期，帮助孩子学会一些简单的生活技能，培养孩子的独立自主能力，比如自己穿衣服、换衣服、如厕、穿鞋、喝水、吃饭等，有助于孩子自信心的建立，帮助他们适应幼儿园新环境，缓解入园焦虑。

4. 相信幼儿园，相信老师

家长要给予老师充分的信任，相信他们的专业性。一般情况下，幼儿园在孩子入园前两周就会给家长发送一些通知，需要准备哪些物品，需要注意什么，家长只需按照要求准备，遵守幼儿园的规定即可。如有特殊情况和需求，及时与幼儿园老师沟通，对于孩子入园适应也是大有帮助的。

5. 准备一些孩子喜欢的物品

入园前一天，家长可以做的是把孩子在家中喜欢的小玩具、毯子或小零食等物品准备好，让孩子带到幼儿园去，熟悉的物品可以降低孩子在陌生的环境中的不安。

（二）入园后的准备

1. 入园时

上学的路上和孩子说说笑笑，一起聊聊孩子喜欢的事情或者回忆昨天刚听过的故事，或观察路边的小树以及树上的小鸟，或说说来来往往的车辆颜色、标志，或讲讲故事、唱唱儿歌……从而分散和化解孩子焦虑和紧张的情绪。

2. 入园分离

到幼儿园后，家长在孩子情绪较好时适时把孩子交给老师，以平和之心和孩子再见,决不可拖泥带水。如果孩子哭闹得厉害,家长可适当陪护一会儿,但家长自己不要表现得极度担心,以免传递给孩子不良的情绪。在耐心陪护哭闹的孩子时,家长要明确地告诉孩子:“幼儿园是一定要上的,爸爸妈妈去上班,你上幼儿园。妈妈再抱十下就去上班,我们一起数。”数到十了,家长就坚决和孩子说再见,该放手时就放手,与母乳喂养一样,该断奶时就要断掉。

家长切不可满口应允孩子:“我第一个来接你。”因为第一只有一人,大家都第一,这是对孩子的误导。家长在送孩子入园后若无特殊情况应立即将孩子交给老师,不要抱在怀中久久不放。

孩子在分别的时候,如果抓住家长的头发或衣领哭闹,家长千万不要让老师抱住孩子的身体强行拉拽,这给孩子造成的恐惧远远要比离别还严重。家长可以将孩子抱在怀里轻轻抚摸着,慢慢将他的手从头发和衣领处拉下来,然后尽快地将孩子交给老师。

如果孩子一直不放手,可以让孩子站在地上,家长蹲下来,两手扶着孩子的腋下,平静地对孩子说:“请放开。”如果孩子还是不肯松手,家长可以轻轻掰开孩子的大拇指,这样孩子的手就会松开,然后立刻将孩子交给老师,快乐地和孩子道声再见。

(三)离园要做的事情

1. 放学离园要按时接送

刚入园的孩子会希望早点见到父母、早点回家,所以家长一定要按时去接孩子,避免孩子出现孤独、失落的情况。不少孩子就因家长晚接而出现恐惧心理,第二天拒绝去幼儿园。

2. 正面引导多鼓励

家长可以和孩子多谈论幼儿园生活,唤醒孩子一天美好的回忆。如家长可以问:“你今天最快乐的事是什么?”“今天你和小朋友一起做了什么游戏?”“你听见、看见了哪些有趣的事?”“今天你又学习了什么新本领?”“你的好朋友是谁?”……家长对孩子在幼儿园好的行为和表现要给予适度的赞赏和奖励,使孩子获得满足感,从而逐渐爱上幼儿园。

3. 调整情绪会坚持

家长要用各种积极因素去感染孩子，并坚持天天送孩子入园，不能因为孩子采取了过激行为就心软，反反复复，送送停停，这样的做法会让孩子很难融入集体，越来越不能适应幼儿园的生活。家长更不要因孩子哭闹而“三天打鱼，两天晒网”。否则，孩子就会知道只要哭闹就可以不去上幼儿园了，家长的“妥协”只会延长孩子不适应的时间。

三、儿童心理剧《弟弟风波》

心理现象与分析

幼儿期是培养幼儿情绪调控能力和情绪理解能力的重要时期，幼儿对情绪的恰当处理会影响到其以后的发展。家长的认知、态度不同，孩子也会在成长过程中出现不同变化，比如忽视型家长教养方式下的孩子容易情绪不稳定和缺乏安全感。因此，建立科学的教养方式，家长对孩子做到公平、尊重、关爱尤为重要。

（一）家庭教养方式

过去，作为家里唯一的孩子，爸爸妈妈将所有的爱都给了丁丁。然而随着弟弟的出生，爸爸妈妈的重心也日渐转移到了弟弟身上。如此的落差让丁丁察觉出爸爸妈妈对自己的忽视，进而对弟弟心生怨恨，性格也变得敏感，越来越没有安全感。

在多子女家庭中孩子可能会通过兄弟姐妹感受到更多的情绪变化，部分家长对孩子既缺乏爱的情感和积极回应，又缺少行为方面的要求和控制，一般只提供食宿衣物等物质需求，不在精神上提供支持，基本上没有尽到养育之责。

（二）家庭教养方式对亲子关系的影响

对比其他年龄阶段的幼儿，3～4岁幼儿情绪具有反应强烈、情绪规则意识弱、外显性强等特征。丁丁因为弟弟的到来情绪从爱说爱笑逐渐到低落，她认为爸爸妈妈把爱都给了弟弟却忽视了自己，爱的不平衡让丁丁缺乏安全感，甚至在午睡时多次从梦中惊醒。消极情绪长期压抑会干扰和抑制幼儿的认知过程和行为反应,使已有的能力得不到发挥,甚至会导致幼儿个性、情感发展不健全,破坏幼儿的人格建构,对幼儿的情绪发展和身心健康都造成一定程度的伤害。

(三)亲子关系出现问题的成因

最初丁丁在没有弟弟的时候感受到身边的人都在爱自己,她的性格也活泼开朗,自信满满。在幼儿园跟随老师一起快乐的游戏,状态非常好。

后来家里多了一名小成员,丁丁心里有了很大的落差。一个人看电视,没有爸爸妈妈的陪伴。在没有弟弟的时候她和爸爸妈妈总是一起郊游、一起玩过家家、一起去游乐场,但是自从有了弟弟,爸爸妈妈总是忽视她,让丁丁觉得父母不爱她了。在多子女家庭的时代,家长的养育方式,对爱的把握很难保持平衡,两个孩子年龄相差较小,并且丁丁又是学前儿童,对调节情绪的能力比较弱,就会对她造成比较大的心理压力。他们将关注点多放在由情绪引起的问题行为上,而忽视幼儿内心的情感体验,也很少能够就"情绪"这一问题与幼儿展开良好的沟通与交流,缺乏情绪教育的意识与能力。

剧本介绍

【基本信息】

单位:郑州市金水区第三幼儿园

主题:多子女家庭长子女接纳度问题

适用年级:学前

编导老师:杨路畅　张萌萌

演出人员:刘昕雨　韩麦溪　李宜诺　张奕辰　赵宣皓　张涵玥
李泽萱　刘沛恩　许淏然

【辅导目标】

1. 多子女家庭长子女对弟弟妹妹的接纳。

2. 父母对子女均衡的爱与付出。

【人物介绍】

丁丁是一个天真活泼,聪明可爱的小女孩,整天乐呵呵的,唱起歌来像百灵鸟一样好听，在集体活动中她总是声情并茂，富有感染力。初入园时，她就能快速融入集体，没有哭闹等情绪，还有一个可爱的雅号“小精灵”，深受老师和小朋友们的喜爱，是名副其实的阳光女孩。

【剧本简介】

突然有一天，老师发现丁丁在喜欢的音乐活动中好像变了个人似的，听不到她甜美的歌声了。有次，老师听到她喃喃自语：“弟弟真讨厌。”假期过后，丁丁与人说话的声音变得非常小，还多次在午睡中哭着醒来。老师在偶然的谈话中，听她的妈妈说自从有了小弟弟之后，女儿好像与自己越来越远了。后来，在老师、家长、同伴共同的关爱下，丁丁渐渐找回了快乐的自我，重拾了欢笑。

【教师解读】

在多子女家庭的时代，老大的心理很容易有明显的落差。剧中的丁丁原本活泼开朗，爱说爱笑。弟弟的到来让她觉得自己被忽视，从而出现了怨恨弟弟、性格敏感、没有安全感等心理变化。针对这种情况，教师采取了交流法、沙盘、绘画法等心理调节方法，及时关注孩子的变化，并与家长沟通，与丁丁谈心。

在老师、小朋友、家长的共同帮助下，丁丁接纳了弟弟，重获往日的欢笑。其实，父母给孩子的爱不会因为新生命的到来而减少，可是很多老大却不一定明白。本剧的目的是提醒家长多一个孩子，并非仅仅意味着多一次生育。家长的养育方式，对爱的平衡的把握都会对孩子的心理健康造成影响，家长要树立科学的教养观念，照顾好小孩子的同时也要关注老大，做到一碗水端平。引导长子女明白有了弟弟或妹妹后，父母一样爱自己，并且多了一个人陪自己一起看书、一起游戏、一起玩耍、一起长大生活，可能会更快乐！

【剧本内容】

故事发生在萌萌班一名叫丁丁(化名)孩子身上的真实故事。丁丁是一名自信、活泼、开朗的小女孩，她的父母都是高校老师，注重给孩子最优质的陪伴，工作之余，竭尽所能接送孩子并与老师积极沟通孩子的在园表现。弟弟的到来，让一个原本在家享受独宠的孩子难免受到冷落……后来丁丁多由爷爷奶奶照看，父母陪伴时间的减少、家庭重心的偏移、教育理念的严重偏差，导致孩子心理上产生了一系列变化……在班级开展的心理绘画《家庭动物园》主题中，老师发现了丁丁情绪问题的原因，并十分重视，立刻与家长进行针对性沟通，同时在日常活动中，关心引导丁丁，很快让丁丁走出了心灵的阴霾，重回自信。

第一幕　问题呈现

【背景音乐】《星河如梦》(逐渐变弱变小)

【旁白】回想第一次见到丁丁，她开心地与老师交流，还主动分享新买的绘本。开学第一天，老师带着孩子们玩有趣的手指游戏，当时很多孩子都在哭闹，丁丁则开心地跟随老师一起快乐地做游戏，声音响亮，自信满满。

游戏玩了一轮后，丁丁主动举手当小老师，带着小朋友们进行游戏。很快哭的孩子也被丁丁感染了，停止了哭声。

户外活动前，老师组织幼儿排队时，不少幼儿都在哭闹，丁丁过去帮他们擦干眼泪，安慰道："你们别哭了，放学妈妈就来接我们了。"

【背景音乐】《小星星》伴奏曲

午睡时，老师突然听到呜呜的哭声，连忙走过去，发现是丁丁。

老师(轻声)：丁丁不怕，老师陪着你呢。

(丁丁摇头继续哭)

老师(拥抱)：丁丁是个乖宝宝……一连几天，老师都观察到丁丁的变化，比如午睡时多次从梦中惊醒，户外游戏时她也不那么快乐地奔跑嬉戏了……

【旁白】在丁丁最喜欢的画画活动中，她的作品也在色彩、线条、笔触等方面有了变化。

【镜头切换】

【场景】家中

丁丁：又是自己一个人看电视，爸爸妈妈多久没有陪过我了，没有弟弟的时候我们总是一起郊游、一起玩过家家、一起去游乐场、爸爸还让我骑大马、妈妈每天给我讲故事。可是自从有了弟弟，他们总让我自己玩，他们再也不爱我了。

丁丁:哼!(气愤地将遥控器摔在地上)

丁丁(抽泣):呜呜呜……(蜷缩着身体,将头埋进双臂)

第二幕　家庭动物园

【场景】教室

【背景音乐】《蒲公英的私语》

老师:丁丁啊,能说说你这张家庭动物园表达的是什么意思吗?

丁丁(指了指画告诉老师):这个小小的是爸爸,外面的是妈妈,这个大大的是奶奶、高高的是爷爷,他们正在吵架。

老师:那这个更小的是你自己吗?

丁丁:是的。

老师:是不是发生了什么事情了?

丁丁:我弟弟很烦人,我讨厌他乱扔东西。他扔东西爸爸妈妈不批评他,只批评我。(丁丁哭着说了起来)

老师(轻轻抱着丁丁):丁丁啊,老师明白了,我们班也是个温暖的大家庭,以后有什么事情可以和老师分享,好吗?

丁丁:好的。说完就一言不发(默默地低着头,注视着自己的鞋子。)

幼儿甲:丁丁,你怎么了?

丁丁:我弟弟可坏了,天天摔东西,搞破坏,我一点也不喜欢他。

老师:丁丁,老师带你去一个好玩的地方吧!

丁丁默默地听着,点了点头。

第三幕　心理辅导室

【场景】心理咨询室

【旁白】老师拉着丁丁的手来到了学校的心理咨询室。那里,环境幽雅温馨,优美的音乐缓缓响起,丁丁看到这一切,她呆住了。

【背景音乐】《窗口飞过的白鸽》

老师:丁丁,这里有沙盘,你看架子上的沙具多漂亮呀!你喜欢这里吗?

丁丁:喜欢。

老师:来,我们一起看看架子上的沙具吧。

丁丁认真看了好久,把沙具摸了一遍又一遍,然后在老师的鼓励下摆起了沙盘。

丁丁:老师,快看,我摆完了。

老师微笑着走了过去。

丁丁低着头,轻声道:老师你看,这是我摆的沙盘。

老师:能给我讲讲吗?

丁丁(指着沙盘里的黑蛇):这是一只刚出生的蛇,他总是把家里弄得乱糟糟的。

老师:旁边的呢?

丁丁:豹子和老虎都在看着黑蛇捣乱,什么也不做。

老师:还有其他的吗?

丁丁(扯了扯衣角):还有一只小兔子呢。

老师:我怎么没看见小兔子呢?

丁丁(用手拨开沙子):小兔子在沙子里面躲着。

老师:她为什么躲起来?

丁丁(泪眼汪汪):小兔子害怕豹子和老虎呀!

老师:那小蛇不害怕他们吗?

丁丁(小声嘟囔):小蛇才不怕他们呢!他们是一伙的,只会伤害小兔子。

【旁白】有了第一次的沙盘游戏,丁丁很快就喜欢上了这里。

【镜头切换】

【旁白】第二次沙盘游戏。

老师:丁丁,沙盘还可以更好玩,可以让小朋友和你一起摆沙盘,你愿意吗?

丁丁点点头,于是老师带着几个活泼开朗的孩子和丁丁一起玩起了团体沙盘。

结束后,丁丁悄悄告诉旁边的小朋友:如果爸爸妈妈能和我一起玩这个游戏该多好呀!

【镜头切换】

丁丁(声音响亮):琪琪,我来给你分享我的沙盘故事吧!这是我的家人,大兔子是我,小兔子是弟弟,我们在一起跑着玩。

【字幕】老师坚持每周带丁丁进行沙盘游戏,丁丁逐渐地接纳了弟弟。

第四幕　家校沟通

【旁白】放学后,老师主动联系了丁丁的父母。

【场景】操场

放学后,老师主动联系了丁丁的父母。

老师拿着丁丁的画,对丁丁妈妈说:你看……

丁丁妈妈瞬间明白了原因,握着老师的手说:老师,谢谢你的关注,我们该怎么做呢?

老师:父母对老大的态度决定老大对老二的态度。手足之间,若都能感受到被平等对待,安全感和满足感得到满足后,才会避免手足之争,不耗费内在能量,有足够的安全感,才会更加自信……

【镜头拉远模糊】

【背景音乐】《满目星河皆是你》

【旁白】丁丁妈妈通过参与幼儿园提供的系列家长课堂,学习了解儿童心理学、心理绘画和沙盘游戏,提高了对丁丁心灵成长的重视度以及如何做好两个孩子的平等教育的意识。在小朋友的陪伴下,在老师的关怀与鼓励下,在家长的改变下,老师注意到丁丁的沙盘能量越来越足,画面里也充满了色彩。

老师发现新一次的绘画中,丁丁把弟弟也画了进去,画面的色彩也温馨明亮了,每个人的脸上也充满了笑容。

老师借机开展了关于多子女家庭的绘本教育,让大家感受有兄弟姐妹的美好,丁丁第一次主动和大家分享了弟弟的乐事。

丁丁(抿嘴笑):我的弟弟,像一个调皮可爱的小猴子。

放学的时候,突然听到丁丁开心的声音:看,我弟弟来接我了。

丁丁的妈妈带着弟弟接丁丁放学。

丁丁（亲切地摸着弟弟的脸）：老师，你看这是我的小弟弟。

老师（微笑着）说：他和你一样可爱，弟弟还可以陪你一起郊游、一起玩过家家、一起去游乐场，你也可以给弟弟讲故事听呀！

【旁白】现在的丁丁，在老师和同学们的关爱下，找回了自信，找回了快乐，又变回快乐的小精灵了。

丁丁：虽然有了弟弟，但我知道家人们依然都很爱我！并且多了一份爱，弟弟是我的亲人，是我最亲密的好伙伴，我爱他，他也一样爱我！

【背景音乐】《一起长大的幸福》

【结尾画面】丁丁和弟弟一起跳舞，一起开心地进行游戏。

【字幕】谨以此剧，献给多子女家庭中渴望被爱的孩子们。“看见”是最暖的赋能，祝孩子们健康快乐地成长！

幼儿园教育指导

在幼儿园，每一个幼儿都是独立的个体，他们都有自己的思想和感受。当多子女家庭中的幼儿出现情绪问题时，教师要帮助幼儿学会正确处理情绪问题。

首先要了解幼儿情绪问题的原因，了解幼儿在家庭中情绪问题的表现形式。其次要针对不同的情况，帮助幼儿解决不同的问题。比如有些幼儿由于父母对自己要求太高、过分关注自己而产生情绪问题；有些幼儿因为父母过分溺爱而产生情绪问题；有些幼儿则因为父母不理解自己而产生情绪问题。最后教师要帮助幼儿学会正确处理自己的情绪。

（一）帮助幼儿掌握情绪调节的方法

当幼儿产生情绪时，教师要帮助幼儿学会正确处理情绪的方法，如当幼儿心情不好时，教师可以引导幼儿用语言表达自己的想法，或唱歌、跳舞等；当幼儿被他人指责或批评时，教师可以引导幼儿说出自己的想法或感受；当幼儿被同学欺负或误解时，教师可以引导幼儿想一想自己是否做了让别人讨厌的事，从而使自己不再受欺负；当幼儿生气、愤怒时，教师可以引导幼儿用语言表达出来，或让幼儿听音乐、做游戏等来转移注意力。总之，教师要帮助幼儿掌握调节情绪的方法,在平时的教育教学中,要教会幼儿用合理、恰当的方式表达自己的情绪。

(二)培养幼儿的合作精神

多子女家庭中,幼儿常常会因为"爱"的问题而发生矛盾。面对这种情况,教师要引导幼儿学会换位思考,让他们从对方的角度考虑问题,从而化解矛盾。

比如有一次教师带领幼儿在操场上玩搭建游戏,由于每个幼儿都想按照自己的想法进行搭建,对于他人的意见则互相不听,一言不合就开始争抢玩具,导致时间过去很久还迟迟没有开始。教师看到这种情况后,先让他们自己冷静下来,然后引导他们说出自己的想法。通过这样的引导,幼儿们慢慢学会了换位思考、友好合作。

当幼儿学会了换位思考、体谅他人后,他们就不会因为争夺玩具而发生矛盾了。因此教师要培养幼儿的合作精神,让他们学会相互宽容、相互理解。

(三)加强沟通交流,及时反馈幼儿的情绪

多子女家庭中的兄弟姐妹由于年龄、性格等方面的差异,往往会产生一些矛盾。作为教师要及时发现幼儿的情绪变化,并采取有效的方法及时纠正,帮助幼儿处理好情绪问题。

教师可以利用集体教育活动来解决矛盾,通过师生间的交流和互动,让每个幼儿都感受到老师对自己的关心和爱护,让他们学会互相关心、互相帮助。

也可以通过亲子活动来解决矛盾,让家长和孩子之间相互理解、相互尊重。在亲子活动中,家长可以给孩子提供表达自己情感的机会,让孩子学会对他人情感的理解和尊重。在这样的环境中,幼儿能够学会如何去爱他人、关心他人。

(四)引导幼儿正确表达情绪

很多时候,幼儿会用不恰当的方式表达自己的情绪,比如摔东西、打人等。教师要及时给予纠正和引导,让幼儿知道在遇到挫折和困难时,应该通过合理的方式来发泄自己的情绪,如友好沟通、运动、找人倾诉等。

家庭教育指导

多子女家庭中,亲子关系的处理一直是一个难题。在教育指导中,经常会遇到一些家长反映:“我家宝宝不听我的话,他只喜欢弟弟妹妹,我该怎么办?”“我家大宝,为什么和弟弟妹妹打架时,总是会哭呢?”“我给孩子买的玩具,为什么他不喜欢呢?”多子女家庭中孩子们之间的关系问题是比较多的,比如年龄相差大的孩子之间会有很多冲突;年龄相差小的,大一些的孩子会欺负小一些的孩子。其实这就是孩子们之间出现矛盾所产生的问题。那么在教育指导中我们该如何解决呢?

(一)关注每一个孩子,了解他们内心想法

对于多子女家庭,家长首先要做的就是学会去理解每个孩子。无论是哪一位孩子,在家长眼中,他们都是自己的孩子,但是孩子内心却有着不同的想法。所以作为家长,要学会去关注每一个孩子的内心想法,通过恰当的途径去了解他们为什么会有不同的想法。当孩子们发生争执时,不要急于去批评他们,要先了解情况后再去解决。这样才能让孩子们觉得家长很理解自己,也更容易接受家长的指导意见。

(二)敢于放手,让孩子学会解决矛盾

多子女家庭的家长一定要学会去正确引导孩子之间的矛盾,切勿过度干预和介入。作为家长,要把孩子看作是平等的人,在与他们交往时不要高高在上,要把他们看作是朋友。当孩子之间出现矛盾时,应该在适当的时机教育孩子,而不是马上介入。

比如在日常生活中,我们可以给孩子们讲一些关于兄弟姐妹之间相亲相爱、互相帮助等故事,让孩子们感受到手足情深、相亲相爱的温暖。同时在平时生活中我们要给予孩子们足够的尊重和自由空间。当孩子们发生矛盾时,不要过分地干预,这样可能会给他们之间增加不必要的冲突和矛盾。

(三)及时更新育儿理念,和孩子共同成长

对待不同年龄、不同性格的孩子,一定要用不同的方法,做到因材施教。家长要多读书,学习先进的育儿理念,例如,当孩子们同时犯错,不要过度批评和指责其中一个孩子。家长可以通过及时与老师沟通、阅读书籍、参加家

长讲座等方式及时更新自己的观念，学习一些正面管教的方法，以提升自己的育儿技巧，和孩子共同成长。同时，家长应和幼儿园教师携手合作，以孩子的发展为中心，共同致力于为孩子创造一个良好的成长环境，让他们在互相关爱和支持下茁壮成长。

四、儿童心理剧《小公主成长记》

心理现象与分析

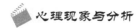

家庭、教师、社会环境都要注重对幼儿人际交往能力的培养。小班幼儿在刚进入幼儿园的时候会出现一系列问题，例如想要玩具时直接下手去抢；不愿意和老师以及小朋友说话；遇见困难直接大声哭……幼儿的人际交往能力的高低往往与其出现这种情况的次数成反比。现在的幼儿在隔辈亲的教育影响下往往会出现社会交往能力偏弱，胆小怯懦，想和别的小朋友一起玩耍不知道怎么加入的情况。

（一）小班刚入园幼儿的人际交往能力现状描述

1. 以自我为中心

以自我为中心，不顾及他人感受。小班幼儿在缺少交往经验时会出现想和别人一起游戏但是不知道如何去做，发生争抢玩具甚至出现攻击性行为的现象。

2. 交往技能弱

交往技能得不到锻炼，想说却不敢说、不知道怎么说、哭着说等。幼儿在想要表达，但是不知道如何去表达时会表现出沉默不语，或者哭着解决的情况。

3. 遇到问题用哭闹解决

对于任何事情都不理睬，一直在说“想妈妈、想回家”，在来到幼儿园时，长期不能融入幼儿园的集体生活中来，一味地想回到“舒适圈”。遇到问题就会哭闹，不想吃饭时哭，不想玩游戏时哭，想上厕所时哭。

（二）幼儿人际交往能力弱的原因剖析

1. 环境影响

当代父母工作忙碌，育儿大部分由爷爷奶奶姥姥姥爷承担，隔辈亲现象导致孩子失去很多的交往机会，减少了锻炼幼儿人际交往的独立空间，导致人际交往能力变弱。

2. 家庭成员教育意见不一致

在幼儿出现问题时，三代人共同生活的家庭在教养方式上会存在一定程度的意见分歧，在不一致的教育观念的影响下幼儿会寻求自己的“保护伞”，在来到幼儿园离开“保护伞”的保护下人际交往能力的弱化就会更明显地显现出来。

3. 自身交往机会和技能缺乏

成人的过分保护和每件事情的代劳导致幼儿的自理能力比其他幼儿差，缺乏自信心，因此不敢主动与其他幼儿交往以及不愿意表达。

剧本介绍

【基本信息】

单位：郑州市金水区第三幼儿园

主题：幼儿人际交往能力弱的问题

适用年级：学前

编导老师：徐佳鸽　杨路畅

演出人员：李梦晨　杨路畅　席春利　徐佳鸽　宋林堂　于玉花

【辅导目标】

1. 隔代家庭教育对孩子的人际交往产生影响的问题。

2. 幼儿人际交往能力提高问题。

【人物介绍】

小公主生活在一个大家庭，有“视娃如宝”的爷爷奶奶，有“窝里横”的甩手掌柜爸爸，有无奈的妈妈，还有一位初中住校的哥哥。家长的教育观念不一致，导致小公主是一个在家蛮横（不好好吃饭，任性，多动，发脾气），在外怂（吃饭慢，幼儿园受欺负不和老师说，回家告状，在班里咬指甲，焦虑，说话声音小，不会社交等）的形象。

【剧本简介】

小公主家中教育观念不统一，在家时蛮横无理，妈妈在她和哥哥出现问题时想平等对待，但面对爷爷奶奶和爸爸的娇惯却无力解决。小公主在上了幼儿园后出现了不愿意进幼儿园、在园一直要去小便、不愿意和老师以及小朋友说话等情况。与妈妈沟通其在园情况时，妈妈说她在家一哭闹家里人便会有求必应，老师与父母沟通后，小公主慢慢地交到了越来越多的好朋友，家里也没有了争吵和吵闹，她变成了有礼貌又懂事的小朋友。

【教师解读】

在当代父母都比较忙碌的年代，爷爷奶奶会对幼儿陪伴较多，存在三代一起生活的情况。在教养孩子时，父母教养或隔代之间的教养方式会存在意见分歧，幼儿也就会出现一系列的问题。表现出幼儿的人际交往能力欠缺，在与他人的沟通中出现自私、胆小等情况，缺乏与同伴交流沟通的情况，社会交往的积极性偏弱，想和其他小朋友玩不知道怎么沟通。

在老师和家长的沟通以及共同努力下，父母形成统一战线，加强对幼儿的教育指导，创设条件增强幼儿合作与分享的意识，让幼儿体验交往成功的快乐，帮助幼儿建立规则意识。在家园沟通中，实现家园共育，提高幼儿的人际交往能力。作为父母，一定要认真对待孩子的教育问题，不能敷衍了事，在幼儿时期孩子的能力培养及习惯养成对他们来说是十分重要的。

【地点】家里

【人物】小公主

【道具】桌椅、玩具、地垫

【旁白】初夏的阳光洒下，知了在树上声声响，“我不要这个玩具”一道怒吼声打破了午后的安静时光。

第一幕　问题呈现

【场景】家中

小公主：我不要这个玩具，我要那个铅笔盒！（小公主大声对着奶奶说）

奶奶：那是给你哥哥买的文具盒，你哥哥上初中要用的，等你上幼儿园

了我们给你买新的,好不好?(奶奶低着头对着小公主说)

小公主:我不,我就要这个,就要这个!(小公主坐在地上撒泼)

奶奶(无奈地):好好好,给你这个,给你这个。

得到了铅笔盒的小公主心满意足地拿着新玩具玩去了。

哥哥放学回家了,小公主赶忙扑到哥哥身边。

小公主:哥哥,你的铅笔盒奶奶给我玩了,你陪我一起玩吧。

哥哥(愣了一下):好,给你就给你了,哥哥先去写作业了,写完作业陪你玩。

哥哥无奈摇了摇头,似乎已经习惯了这些事。

晚饭时间到了,小公主拿着玩具坐在饭桌前,奶奶提醒她吃饭。

奶奶:小公主,你先吃饭,别玩玩具了。

小公主:我不,我就想玩。

奶奶:来,张嘴,奶奶喂你。

小公主张嘴吃了几口饭菜,跑到了地毯上,拿起了其他玩具,妈妈看不下去提醒:哎哟,你才吃了几口饭,就又跑去玩了,你坐着好好吃饭不行吗?

奶奶(拿着饭碗追在小公主身后):你再吃点。

爸爸:让她玩吧,孩子现在想玩就让她玩呗,等她饿了想吃什么我们再给她做点。

妈妈:吃饭时就好好吃饭,你们都把她惯坏了。

爸爸:这有什么惯坏的,孩子还小呢,大了就好了。

吃完饭,她拉着哥哥一起玩"剪刀石头布"游戏,本来妹妹出了剪刀,哥哥出了石头,可是在看见哥哥出剪刀之后她迅速变成了布。

哥哥:你变了,出了可不能变了。

小公主:我没有,我本来就出了这个。

哥哥:你让我陪你玩游戏,你又耍赖。

小公主:我没有,本来就我赢了!

他们的争吵引来了家人的围观。

爸爸:你是哥哥,你让让她。

奶奶:她还小,你就让让她。

妈妈:妹妹你找哥哥玩游戏,你又耍赖怎么行,你们都向着妹妹,哥哥就该受委屈了?

爸爸:她还小呢,哥哥让让她怎么了,这以后也是要照顾妹妹的啊。

爷爷奶奶都在附和。妈妈很生气,但是也很无奈,叫着哥哥一起回房间了。

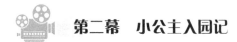

第二幕　小公主入园记

【场景】幼儿园门口

【旁白】今天是小公主入园的第一天,全家人一起送她去幼儿园。爸爸抱着小公主,妈妈给她拿着小书包,爷爷奶奶则在旁边逗着她玩。小公主噘着小嘴巴,一句话也不说。很快就到了幼儿园的大门口,爸爸想要把小公主放下来,可小公主说什么也不愿意。

【背景音乐】《清晨》

爸爸(摸着小公主的头):乖宝宝,到幼儿园了,你先下来好不好。

小公主(头一扭):哼,不要!

妈妈:好好好,让爸爸再抱一会儿。

奶奶(打开水杯,把水杯送到小公主嘴边):乖孙女,来——喝口水!

小公主张开嘴巴喝了一口。

奶奶(面带笑容):哟,喝了一大口,可真棒呀!

爷爷(伸出手):来,让爷爷再抱一下,爷爷真舍不得你。

奶奶(皱起眉头):也不知道她在幼儿园会不会哭个不停,万一不吃饭可怎么办呀!

全家人一起看着小公主,担心地摸了又摸,看了又看。

【背景音乐】《上学歌》

铃声响起,幼儿园大门打开,老师走了出来。

老师:早上好,宝贝,我们一起进教室吧!

【旁白】此时此刻小公主哽咽着紧紧抱住家长,不愿意下来。她的家长也丝毫没有放手的打算,对着小公主亲了又亲,反复诉说着不舍。家长刚试着把小公主放下,老师连忙试图去抱小公主,只见小公主突然边哭边跳了起来。

小公主(哭着)：我不要去！我不要去！

妈妈(忙去拉小公主的手)：放学给你买玩具，乖。

爸爸：爸爸第一个来接你。

【旁白】老师抱着小公主走进了教室，小公主的爸爸妈妈、爷爷奶奶纷纷在门口张望着。教室里，老师拿出了玩具请小朋友们自主选择。

【镜头切换】

【场景】教室

老师(面带笑容，边说边指着玩具柜)：小朋友们，这里的所有玩具都可以玩，快来选择吧！

【旁白】小朋友们都被好玩的玩具吸引了过去，小公主也走到一个积木面前，她紧紧盯着积木，老师观察到这一现象，走了过去。

老师：宝贝，你是想玩这个积木吗？想玩的话可以拿哟。

旁边：小公主用手捂住耳朵，没有说话，但她也迟迟不去拿玩具。老师再次走过去和她交流，告诉她可以拿喜欢的玩具玩，小公主依旧不说话，用手不停地卷着衣角。这时别的小朋友走了过去，拿走了那件玩具。

【镜头切换】

【场景】操场

老师：小朋友们，咱们一起做游戏喽。

小公主(边卷衣角边小声地说)：我想小便。

【镜头切换】

【场景】教室进餐中

老师(走到小公主面前，蹲下身子)：宝贝，牛奶可香啦，你尝尝看。

小公主(摇了摇头，然后小声说)：我想小便。

【旁白】保育老师连忙带小公主去了卫生间，没过多久，小公主又双腿抖动，示意老师她要去小便，就这样，小公主不停地往厕所跑。

老师(伸手想要拥抱)：宝贝，你是有哪里不舒服吗？

小公主摇了摇头，低下了头。

第三幕　家校沟通

【场景】幼儿园门口

放学后,爷爷奶奶来接小公主,小公主看到爷爷奶奶特别开心,向着爷爷奶奶跑过去,爷爷赶紧抱起小公主。

爷爷奶奶(一起问老师):老师,今天孩子有没有哭?有没有小朋友欺负她,上了几次厕所?吃了多少饭?

老师:孩子在幼儿园很乖,就是比较不爱说话,回答问题的时候有点内向,声音比较小,现在穿衣服还得需要在家里多练习一下。

奶奶(不开心地):怎么会呢,孩子在家能歌善舞什么都会,现在孩子还小,衣服穿不好,以后长大了再学。

爷爷奶奶匆匆和老师说再见。

【旁白】看到爷爷奶奶不想沟通,老师也是无奈,就给孩子的妈妈打电话。

老师(打通了孩子妈妈的电话):小公主妈妈,刚才爷爷奶奶来接孩子,想跟爷爷奶奶沟通一下孩子情况,他们比较着急先回家了,想着还是和你说一说吧……

小公主妈妈:老师,谢谢您的关注,在家里我也很无奈,每次我想锻炼一下孩子,爷爷奶奶就心疼得不得了,孩子的爸爸也是很娇惯孩子,老师你有什么好的办法吗?

老师:因为孩子在家里是有求必应,孩子是很聪明的,只要一哭闹,就能很快得到满足。在外边就不一样了,离开了熟悉的环境和纵容自己的人,就不敢乱发脾气了。家庭中的教育观念一定要一致,教会孩子表达和发泄情绪,在家里也要建立起规则意识。父母多陪伴孩子,可以多带孩子出去走一走,为孩子创造社交的机会,让孩子自己去解决,孩子有了成就感才能够更加自信……

【旁白】孩子妈妈听了老师的话,对于孩子的教育问题和爸爸进行了沟通,爸爸开始逐渐放手。爸爸妈妈周末经常带孩子去公园玩,看到孩子想要和别的小朋友玩,教给孩子方法,鼓励孩子主动去开口,孩子玩得很开心。

在家里奶奶想要喂饭时，爸爸妈妈鼓励孩子自己吃，哭闹时，安抚孩子的情绪后，和孩子平等地讲道理。

第四幕：家长的蜕变

【旁白】老师发现小公主在幼儿园学会了关心帮助别的小朋友，在小朋友伤心时，她会主动上前询问，需不需要帮忙，也会主动加入班级小朋友的游戏中。渐渐的，小公主的好朋友越来越多，她在幼儿园也更加开心了。

【背景音乐】《放学歌》

放学的时候，突然听到小公主开心的声音："看，我爸爸妈妈来接我了。"

小公主的爸爸妈妈来接她放学。

小公主（开心地拉着爸爸的手）："老师，爸爸妈妈现在每天都陪我一起玩游戏、看绘本、捉迷藏，我超级开心。"

老师（微笑着）："听起来超级棒呢！"

（转场）吃完饭后，小公主和爸爸妈妈哥哥在广场上玩猫捉老鼠的游戏，十分开心。爷爷奶奶在旁边和其他老年人一起跳舞、下象棋，一家人都在做着自己的事情，乐在其中。

【旁白】小公主一家共同制定了行为准则。爸爸妈妈主动担起养娃的"第一责任人"，两代人一起育儿，改变之前的教育行为，统一教育理念。爸爸妈妈对小公主的陪伴变多了，爷爷奶奶也有了充足的休息时间，家里再也没有了争吵和哭闹。小公主也变成了有礼貌又懂事的小朋友。

【镜头拉远模糊】

幼儿园教育指导

《3—6岁儿童学习与发展指南》中指出："人际交往和社会适应是幼儿社会学习的主要内容，也是其社会性发展的基本途径。良好的社会性发展对幼儿身心健康和其他各方面的发展都具有重要影响。"幼儿的人际交往能力对于帮助幼儿具备基本生活能力有非常重要的意义，而人际交往能力的高低也会影响幼儿性格方面的发展，更决定着幼儿之后的发展。剧中小公主来园初期的表现是父母和爷爷奶奶的教育方式出现问题而出现的人际交往适应问题。

（一）加强交往指导

帮助幼儿掌握在不同的时间怎么表达，例如怎么与别人商量，如何表达自己的想法，如何拒绝别人；在看到老师、小朋友、叔叔阿姨时说“老师好”“小朋友好”“叔叔阿姨好”；做错事情时说“对不起”；小朋友给予自己帮助时说“谢谢你”……教幼儿解决问题的方法，例如碰到一个小朋友都想看一本书时可以一起看或者一个人看完另一个人再看；游戏时遇到困难大家一起合作解决问题；自己需要帮助时找老师或者小朋友帮忙解决问题……交给幼儿交朋友的方法，与小朋友一起玩游戏；主动与其他小朋友分享……增加沟通的机会，发展自己的交往技能。

（二）创设条件、增强合作与分享意识

对幼儿在幼儿园进行活动时进行鼓励，在其他活动中体验成功的快乐，树立幼儿与他人沟通的自信。鼓励幼儿在来园时主动和老师、同伴打招呼，进行小红花等激励性的奖励，请幼儿做小老师为小朋友们服务，增加幼儿的集体荣誉感。

为幼儿创设交往的环境和机会，让幼儿慢慢打开心扉，愿意与人交流，邀请大班的小朋友来班里给小班的小朋友表演节目，唱歌、跳舞、玩好玩的游戏等，在轻松的氛围中让幼儿体会到与人交往的快乐。在班级中开展一些幼儿感兴趣的话题进行主题活动的讨论，例如讨论自己喜欢的动画片，最喜欢的歌曲，去过哪里玩，等等。激发幼儿的表达欲望，在感兴趣的游戏中吸引幼儿的注意力，慢慢对班级中的老师和小朋友熟悉，愿意去交往，愿意去沟通、表达。

家庭教育指导

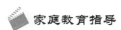

家长在幼儿人际交往和社会适应方面是孩子的引导者，孩子没有来到幼儿园的时候，遇到问题学到的处理办法是长辈传授的，在小朋友和爷爷奶奶一块儿出去玩的时候，往往会表现出社会交往能力偏弱，在遇见事情的时候不知道怎么加入，因为长辈看见孩子出现这种情况时，总是第一时间去帮助孩子解决这些问题。作为家长，我们一定要树立科学的教育理念，以身作

则，帮助孩子创造更多的交往机会，培养孩子有更好的社会交往技能，去自主地解决问题，让孩子更加自信。

（一）统一教育理念

爸爸妈妈与爷爷奶奶统一教育理念，统一商量好孩子遇到问题时怎么处理，重视孩子的人际交往问题，才能让孩子在特有的年龄段得到最好的发展。家庭是幼儿园的合作伙伴，家长和教师统一教育理念那一定会出现“5+2>7”的效果。

（二）以身作则，树立榜样

父母是孩子的第一任老师，也是孩子模仿的对象。作为家长，我们的一言一行都会潜移默化地影响着幼儿。所以，家长在日常生活中应该待人真诚热情，乐观开朗，不背后说人坏话，搞好邻里关系。家长乐观开朗、关心他人，孩子也一定会对小朋友友好，有很多好朋友。

（三）帮助幼儿掌握交往技巧

家长应该充分抓住教育契机，利用孩子生活中的实事对幼儿进行针对性的教育。如，看到叔叔阿姨礼貌问好；他人遇到困难时主动询问是否需要帮助；在遇到困难时如何向他人求助；去别人家做客的基本规则；别人来家里时如何接待客人；等等。当孩子掌握了这些交往技能，自己在遇到类似情况时一定会游刃有余了。

（四）为幼儿创造交往机会

家庭中的教育观念一定要一致，教会孩子表达和发泄情绪，在家里也要建立起规则意识。父母要多陪伴孩子，可以多带孩子出去走一走，为孩子创造社交的机会，让孩子自己去解决问题，孩子有了成就感才能够更加自信。

附　针对小班入园焦虑的幼儿训练示例如图1-21至图1-24所示。

图 1-21　心理剧《淘淘入园记》排练照片

图 1-22　心理剧《幼儿园，我来啦》排练照片

图 1-23　心理剧《弟弟风波》排练照片

图 1-24　心理剧《小公主成长记》排练照片

第二章

中班幼儿社会性发展：儿童心理剧与家园共育

中班幼儿社会性发展是指他们在与同伴、教师和成人互动过程中，逐渐形成的自我认知、情感表达、社交技能和价值观等方面的变化与成长。这一发展阶段的重要性在于，它奠定了幼儿未来社会适应能力和人际关系建立的基础，对幼儿的整体发展具有深远的影响。因此，我们需要深入理解并重视中班幼儿社会性发展的各个方面，为他们提供适宜的教育环境和引导，促进其全面健康发展。

中班幼儿社会性发展的基本特点主要包括以下四个方面。

首先，合作意识的萌芽。中班幼儿开始愿意与同伴共同完成任务，体验合作的乐趣。例如，在建构游戏中，他们会分工合作，一起搭建城堡，互相协助完成作品，体现了合作意识的初步形成。

其次，自我认知的增强。中班幼儿开始关注自己的特点，形成初步的自我评价。比如，他们会主动展示自己的绘画作品，并告诉老师“这是我画的，我画得很好”，这表明他们开始意识到自己的能力和价值。

再次，规则意识的初步建立。中班幼儿逐渐理解并遵守集体生活的规则。例如，在排队洗手时，他们会主动站在队伍中，等待前面的同伴洗完后再轮到自己，体现了对规则的尊重和遵守。

最后，社交技能的提升。中班幼儿在与同伴交往中，逐渐学会运用语言和非语言信号来表达自己的情感和需求。比如，在争抢玩具时，他们会尝试用语言沟通：“我可以玩一下你的玩具吗?”或者通过分享自己的玩具来解决问题，这些都体现了他们社交技能的提升。

这些特点都是中班幼儿社会性发展的重要体现，但每个孩子的具体表现可能会有所不同。中班年龄段是社会性发展比较突出、比较明显的阶段，这个年龄段的幼儿，从独自玩儿转变为一起玩儿，随着语言能力的提升，同伴之间的交往日益深厚，发展出了固定的玩伴，并且能够相对客观地进行自我评价和他人评价，在选择朋友的过程中也不再盲目。

随着幼儿进入中班年龄段，孩子从身体到心理都会发生翻天覆地的变化，很多时候爸爸妈妈和老师会突然感觉自己的孩子“不听话”了，对于一些突然出现的行为表现，内心难免多了一些焦虑。

第一节
面向幼儿、教师、家长的系列调研

为了更好地帮助中班幼儿、家长和教师真正了解中班幼儿社会性发展的客观规律与解决策略，我们展开了一系列调查。

一、面向幼儿的主题访谈及分析

首先，我们基于儿童视角，选取十多位教师，采用随机抽取的方式针对100名中班幼儿进行了一对一主题访谈，部分访谈记录如下。

访谈一：好朋友话题

访谈教师姓名：刘金金

访谈内容情况记录：

教师：你最好的朋友是谁呀？为什么你喜欢和他/她玩？

幼儿1：我的好朋友是元元，我有三个好朋友，还有一一，因为她们一直陪我玩。她们玩游戏的时候还会给我打电话。

幼儿2：我的好朋友是晨晨，还有熙熙。因为她们会带着东西和我玩，还有我和她们是好朋友了，我问她，我们能交好朋友吗？她们说，可以！

幼儿3：颜颜、一一……1，2，3，4，5，6，7，8，9有9个。因为她们跟我交朋友。

幼儿4：一一，就这一个。我们以前就是好朋友，我们俩爱玩蹦蹦床、安吉游戏……

幼儿5：我的朋友是熙熙，其他没有了。因为我喜欢和她一起玩！我和她在一起很开心，虽然现在她和涵涵交朋友，但是我看着她们也没有一起玩，所以她还是我的好朋友。

幼儿6：桃桃，还有红红。因为她们跟我一起玩，我想跟她们玩，她们也同意，所以我们是好朋友。

幼儿7:我的朋友是诺诺。因为我们两个是一个小区的。

幼儿8:我的好朋友有源源、糖糖、安安,我们一起扮演小猫,可有意思了。

幼儿9:熙熙、安安。我就是喜欢和他们一起玩,他们也喜欢和我玩。

幼儿10:柠檬、安安、桃桃,我有好多好朋友,我超级喜欢和他们一起玩游戏,还有早上我们都是可早就来了,可以多玩一会儿。

教师:你和好朋友一起会做什么有趣的事情?

幼儿1:我拿着玩具出去玩,有人当妈妈,有人当姐姐。

幼儿2:放烟花,可以一起在小区外面玩。

幼儿3:一起去玩好玩的游戏。

幼儿4:和好朋友一起去1908(一个广场)玩。

幼儿5:和好朋友一起去北京玩。

幼儿6:在学校很开心,有很多小朋友和我一起玩儿。

幼儿7:我和萌萌好朋友一起玩滑滑梯。

幼儿8:我喜欢幼儿园的滑梯。

幼儿9:我们做手指游戏。

幼儿10:一起画画、做手工。

中班幼儿对于友谊的理解充满童趣与纯真。他们喜欢与好朋友一起玩耍、分享玩具,参与各种有趣的活动,从而建立起深厚的友谊。在互动中,他们学会了尊重与接纳,愿意听取朋友的意见,分享自己的经验。此外,他们也注重情感的交流,一起参与放烟花、旅游等活动,让友谊更加深厚。作为教师或家长,我们应鼓励幼儿发展良好的社交技能,促进他们之间的友谊,让他们在快乐成长中收获更多真挚的情感。

访谈二:分享与合作

访谈教师姓名:张津津

访谈内容情况记录:

教师:今天在幼儿园,你有没有和别的小朋友一起分享玩具或食物?

幼儿1:我今天让了其他的小朋友先上蹦蹦床。

幼儿2:我和桃子一起玩了那个梯子,晖晖也想要,我就分享给他了。

幼儿3：我和乐乐一起在玩当小厨师的时候，她总是会让我去帮她拿一些好玩的东西，然后我就给她。

幼儿4：我和小朋友一起玩儿我的那个大蹦床。

幼儿5：我跟书书还有霜霜，搭了一个桥，中三班的小朋友也想玩儿，我们就一起玩儿了。

幼儿6：我自己本来是好好玩着，拿着那个梯子嘛，然后杨杨和畅畅也来了，我们就一起玩起来了。

幼儿7：我在体操房的时候，我在跟好多的人玩，然后我要去大蹦床了，突然有一个小朋友过来，要跟我一块儿蹦，然后我就让他跟我一块儿蹦，之后又有好多小朋友来了，我就跟他们一起蹦。

幼儿8：我把我做的好吃的给了李老师，是三明治。

幼儿9：我跟陈老师一起分享做好的三明治，我给陈老师两个，我自己吃一个。

幼儿10：今天我和桃子玩了长板，然后晖晖来了。我问他会这个吗，晖晖没说话，然后桃子又问我这个我会吗，然后我说会。我就告诉晖晖是这样玩儿的。

教师：你喜欢和小朋友一起完成任务吗？比如一起拼拼图或者一起画画。

幼儿1：我就是在建构区，拼那个小鱼的时候，我让明明一起，和明明一起完成拼小鱼游戏。最后一点点，我说不用了，这一点我会做，然后我就自己做了。

幼儿2：我和小桃子玩了好玩的迷宫。

幼儿3：我和哥哥在家里一起合作，一起拼了很多拼图。

幼儿4：我和辉辉玩了蹦蹦床。

幼儿5：我和铭铭一起完成了迷宫，在下一个迷宫，威威又来了，我们一起画画。

幼儿6：今天，我和泽泽玩了搭建家的游戏，然后泽泽说，他有个好办法，我说好吧，让他试试。泽泽就说好呀。

幼儿7：我和家宝带图书去看书。然后我在翻书，家宝讲着我听着。

幼儿8:我和正正和泽泽在建构区玩,我拿积木,他们两个搭建。

幼儿9:我想要垫子,但是拿不到,泽泽爬上去拿,我就在下面接着。

幼儿10:我和安安一起摆桌子,我们俩一人抬一边。

中班幼儿展现出积极的分享与合作态度,他们乐于与同伴分享玩具、食物和成果,体验分享带来的快乐。在合作完成任务时,幼儿们能够相互协作、共同解决问题,展现出良好的团队意识和能力。通过分享与合作,他们不仅建立了深厚的友谊,还培养了社交能力和解决问题的能力。作为教师或家长,我们应继续鼓励幼儿参与分享与合作活动,促进他们全面发展。

访谈三:规则与秩序

访谈教师姓名:张娜

访谈内容情况记录:

教师:在幼儿园里我们有很多规则,你记得哪些规则?你觉得遵守规则重要吗,为什么?

幼儿1:在教室里不能跑,要走路。跑的话会碰到别的小朋友,也会磕到自己。

幼儿2:上下楼梯不能跑,不推旁边的小朋友,还要走在右边,这样可以安全上楼梯下楼梯。

幼儿3:在上课(教育教学活动)时不能说话,要坐好要认真听,想上厕所要举手。认真听才能学会,举手可以让老师看到我,我就可以告诉老师我要上厕所。

幼儿4:老师讲话时先别插话,听老师说完才能说,因为这是礼貌。

幼儿5:早上用绿色的擦嘴巾,中午用黄色的擦嘴巾,晚上用红色的擦嘴巾。擦嘴的时候要擦3下,这样可以把嘴巴擦干净。

幼儿6:擦嘴巾袋子要挂好,口要打开,别人没挂好,我可以跟他说要挂好。擦嘴巾挂好了,看着好看(整齐),口打开时拿擦嘴巾放擦嘴巾方便。

幼儿7:吃饭的时候要吃完,不挑食。我们要节约粮食,好好吃饭还可以长高高。

幼儿8:中午睡觉的时候不能说话,说话了就不能好好睡觉了,想尿尿的时候才能跟老师说。

幼儿9:地上有脏东西了我可以捡起来,这样我们的教室就会干净了。王老师开会的时候就会带回来小红旗(卫生流动红旗)。

幼儿10:在排队的时候不能乱跑,游戏的时候也不能乱跑,乱跑的时候就找不到队伍了,会很危险。

通过对中班幼儿的访谈,可以看出他们对幼儿园的规则与秩序有着清晰的认识。他们知道在教室里不能跑,上下楼梯要靠右走等安全规则;同时,也了解上课时不能说话、认真听讲、举手发言等课堂规则。此外,他们还能够自觉遵守使用擦嘴巾、吃饭不挑食、午睡不说话等日常规则。这些规则的遵守不仅有助于维护幼儿园的良好秩序,也有助于培养幼儿良好的行为习惯和自律能力。因此,作为教师或家长,我们应该加强对幼儿规则意识的培养,引导他们自觉遵守规则,为未来的成长打下坚实的基础。

访谈四:情感表达

访谈教师姓名:徐文逸

访谈内容情况记录:

教师:今天你感到最快乐的事情是什么?可以和老师分享一下吗?

如果你不开心或者生气的时候,你会怎么告诉小朋友或老师?

幼儿1:我今天最开心的事就是上午玩滑滑梯和安吉游戏,我不开心就会改变下情绪,如果我不开心,我也会告诉老师为什么不开心。

幼儿2:今天我见到了坦克,当我生气时我会深呼吸。

幼儿3:今天我敲鼓了。我不知道。

幼儿4:跟小朋友玩。我会说不能抢玩具。

幼儿5:今天是和航航一起玩。我会和小朋友说我已经要生气了,所以现在有点不想和你玩。

幼儿6:我和然然在安吉游戏时玩得很开心。就可以……(说不出来)

幼儿7:我最开心的事情是玩。我会直接告诉他。

幼儿8:最开心是玩滑滑梯。告诉他生气的原因,这是不对的。

幼儿9:是和皓妹一起玩。我会告诉小朋友我不开心的原因。

幼儿10:是和大家一起玩。说原因,和他们一起解决。

通过对中班幼儿的访谈,发现他们在情感表达和帮助他人方面展现出了积极的一面。在情感表达上，幼儿能够清晰地描述自己感到快乐的事情，并知道如何向他人表达自己的不开心或生气。而在帮助他人方面，幼儿表现出乐于助人的品质，无论是帮助小朋友如扶起摔倒的同伴，还是帮助家人如做家务，他们都从中感受到了快乐。这些经历不仅培养了幼儿的同理心，也促进了他们社交能力的发展。作为教师或家长，我们应继续鼓励幼儿积极参与情感表达和帮助他人的活动，促进他们全面健康成长。

访谈五：帮助他人

访谈教师姓名：张雨

访谈内容情况记录：

教师：你有没有帮助过其他小朋友？是怎么帮助的？你觉得帮助别人会让你感到快乐吗？

幼儿1：有时候小朋友们摔倒，我会把他扶起来，问他有没有事。我感受到很开心。

幼儿2：有的小朋友被碰倒了，我会把他扶起来，问他。帮助别人很开心。

幼儿3：有小朋友在楼梯摔倒，我就会问他有没有受伤。帮助别人很快乐。

幼儿4：帮别人搬椅子，很开心。

幼儿5：帮妈妈拖地，帮妈妈扫地，很开心。

幼儿6：我帮助别人系扣子，因为他不会系，很开心。

幼儿7：帮别人拉拉链，有的衣服太厚了，他拉不上。我帮他拉上了很开心。

幼儿8：帮爸爸妈妈洗衣服，开心。

幼儿9：帮别人穿鞋子，她鞋子太紧了穿不上，我帮她穿，很开心。

幼儿10：帮妈妈刷碗，很开心。

通过对中班幼儿的访谈，发现他们在情感表达和帮助他人方面展现出了积极的一面。在情感表达上，幼儿能够清晰地描述自己感到快乐的事情，并知道如何向他人表达自己的不开心或生气。而在帮助他人方面，幼儿表现出乐于助人的品质，无论是帮助小朋友扶起摔倒的同伴，还是帮助家人做家务,他们都从中感受到了快乐。这些经历不仅培养了幼儿的同理心,也促进了他们社交能力的发展。作为教师或家长,应继续鼓励幼儿积极参与情感表达和帮助他人的活动,促进他们全面健康成长。

访谈六:解决冲突

访谈教师姓名:张萌萌

访谈内容情况记录:

教师:如果小朋友拿走了你的玩具,你会怎么办?

幼儿1:我会跟他抢,把玩具抢回来。

幼儿2:这是我的玩具,我会打他不让他抢。

幼儿3:抢回来,不能让他抢走。

幼儿4:我会打他,抢我的玩具是他不对。

幼儿5:我会和他一起玩。

幼儿6:我们轮流玩,我玩一会儿,他玩一会儿。

幼儿7:我爸爸有钱,我会再买一个玩具。

幼儿8:跟他说一起玩。

幼儿9:我不愿意和他分享,不会给他玩。

幼儿10:我很厉害,我会打他。

教师:当你和小朋友意见不同时你会怎么解决?

幼儿1:我会和他商量。

幼儿2:找老师帮助我们。

幼儿3:打架。

幼儿4:不理他。

幼儿5:打他。

幼儿6:我会生气地离开。

幼儿7:跑开不和他玩。

幼儿8:找大人解决。

幼儿9:自己想办法。

幼儿10:打架。

通过访谈,我们发现中班幼儿在解决冲突时展现出不同的应对策略。

部分幼儿倾向于直接采取行动，如抢回玩具或打架，这可能反映出他们在处理冲突时缺乏沟通技巧和情绪管理能力。然而，也有幼儿提出通过商量、轮流玩或找老师帮助等更为积极和和平的方式来解决冲突。这表明中班幼儿已具备一定的社交意识和解决冲突的能力，但仍需要进一步的引导和教育。作为教师或家长，我们应鼓励幼儿积极沟通、理解和尊重他人，学会以和平的方式解决冲突，促进他们健康、和谐地成长。

访谈七：家庭与幼儿园

访谈教师姓名：闫茹玉

访谈内容情况记录：

教师：在家里，你会帮爸爸妈妈做些什么事情吗？你喜欢幼儿园的生活吗？为什么？

幼儿1：我会自己洗擦嘴巾。喜欢（幼儿园的生活），因为幼儿园有小朋友。

幼儿2：我会洗碗。喜欢，因为幼儿园有很多小朋友可以一起玩。

幼儿3：我会帮爸爸妈妈洗衣服。喜欢（幼儿园的生活），因为幼儿园有滑滑梯。

幼儿4：端碗。喜欢，因为幼儿园有小朋友。

幼儿5：洗衣服，洗擦嘴巾。喜欢（幼儿园的生活），因为幼儿园有许多好玩的。

幼儿6：我会帮爸爸妈妈扫地，擦桌子。喜欢（幼儿园的生活），因为幼儿园有好多小朋友。

幼儿7：我会帮妈妈打扫卫生。喜欢（幼儿园的生活），因为幼儿园有好多的小朋友。

幼儿8：我会帮爸爸妈妈扫地。喜欢（幼儿园的生活），因为有好多小朋友。

幼儿9：我会帮爸爸妈妈干活。喜欢（幼儿园的生活），因为幼儿园有很多小朋友。

幼儿10：我会拖地。喜欢（幼儿园的生活），因为幼儿园小朋友陪我一起玩。

通过对中班幼儿的访谈,可以看出他们在家庭中已经开始承担一些简单的家务劳动,如洗碗、洗衣服、扫地等,这有助于培养他们的责任感和自理能力。同时,几乎所有幼儿都表达了对幼儿园生活的喜爱,原因主要是幼儿园里有众多的小伙伴和丰富的游戏设施,这为他们提供了与同伴交往、学习和游戏的机会。这反映出幼儿对社交和游戏的强烈需求,以及家庭与幼儿园在幼儿成长过程中的不同作用。因此,家庭和幼儿园应密切合作,共同促进幼儿的全面发展。

二、面向教师的主题访谈及分析

针对教师关于中班幼儿社会性发展家园共育中出现的问题进行主题访谈,旨在调查家长是否存在对中班幼儿社会性发展的误区。

1. 您认为中班幼儿在社会性发展方面应该具备哪些基本能力?

2. 您是否关注孩子在幼儿园与同伴之间的交往情况?

3. 您如何看待孩子与他人分享和合作的行为?

4. 您是否经常与孩子讨论社会规则和礼仪?

5. 您认为家长在幼儿社会性发展中扮演的角色是什么?

6. 您是否认为孩子在家里和幼儿园的行为应该保持一致?

7. 您是否鼓励孩子参与集体活动,培养他们的团队协作能力?

8. 当孩子出现社交问题时,您通常是如何处理的?

9. 您是否了解中班幼儿社会性发展的阶段性特点?

10. 您认为家长应该如何配合幼儿园,共同促进孩子的社会性发展?

通过对以上问题的访谈,教师可以了解到家长对于中班幼儿社会性发展的认识和态度,进而分析家长是否存在误区。如果发现家长存在误区,教师可以结合访谈结果,制定针对性的家园共育策略,帮助家长更好地理解和支持孩子的社会性发展。同时,教师也可以向家长普及中班幼儿社会性发展的相关知识,提升家长的教育水平,促进家园共育的良性发展。

经过教师访谈,发现幼儿家长存在的理解困惑及需注意的地方主要有以下几点。

(一)过度强调知识学习,忽视社会性培养

1. 家长困惑

许多家长认为中班是学习的关键期,过度关注知识技能的掌握,而忽视了社会性发展的重要性。

2. 实例阐述

小明妈妈每天让小明学习拼音、数学,却很少带他参与社交活动。小明在幼儿园表现孤僻,难以融入集体。家长应平衡知识技能与社会性发展的培养,让小明多参与集体活动,学习与人交往。

(二)将社会性发展等同于行为管理

1. 家长困惑

部分家长将社会性发展简化为行为管理,认为只要孩子听话、守规矩就是社会性发展好。

2. 实例阐述

小红在家很听话,但在幼儿园却不愿分享玩具,与同伴冲突时不会表达自己的想法。家长应引导孩子理解并遵守社会规范,同时培养她的同理心和合作精神。

(三)忽视家庭环境对幼儿社会性发展的影响

1. 家长困惑

家长可能认为幼儿社会性发展主要是在幼儿园中培养的,忽视了家庭环境的作用。

2. 实例阐述

小刚在家中经常受到父母的责备和忽视,导致他在幼儿园中缺乏自信,难以与同伴建立良好关系。家长应营造温馨、支持的家庭氛围,给予孩子足够的关爱和鼓励。

(四)不知道如何有效促进幼儿社会性发展

1. 家长困惑

家长可能意识到社会性发展的重要性,但不知道如何有效促进。

2. 实例阐述

小丽家长通过组织家庭聚餐、邀请小丽的朋友来家里玩等方式，为小丽创造更多与同伴交往的机会。同时，他们还教小丽如何礼貌待人、分享合作等社交技能。这些做法有效促进了小丽的社会性发展。

作为家长，应全面理解幼儿社会性发展的内涵，关注孩子的情感、交往和规则意识等方面的培养，并为之提供良好的家庭环境和教育支持。

三、面向家长的问卷调查及分析

为了更好地了解中班幼儿社会性发展的现状以及家长在此方面的困惑和需求，进行了中班幼儿社会性发展与家园共育家长问卷调查。

（一）问卷调查结果

中班幼儿社会性发展与家园共育家长问卷具体调查结果如表 2-1 至表 2-9 所示。

（1）您认为中班幼儿社会性发展主要包括哪些方面？（多选题）

表 2-1　中班幼儿社会性发展的内容

选项	小计	比例
A. 人际交往能力	145	92.36%
B. 情感表达能力	137	87.26%
C. 规则意识和行为习惯	145	92.36%
D. 集体意识和合作能力	136	86.62%
E. 道德观念和责任感	121	77.07%
本题有效填写人次	157	

（2）您是否了解中班幼儿社会性发展的重要性？（单选题）

表 2-2　中班幼儿社会性发展的重要性

选项	小计	比例
A. 非常了解	21	13.38%
B. 了解一些	104	66.24%
C. 不太了解	31	19.75%
D. 完全不了解	1	0.64%
本题有效填写人次	157	

(3)您通常通过什么方式了解幼儿的社会性发展情况(多选题)

表 2-3　了解幼儿社会性发展的方式

选项	小计	比例
A. 与孩子的日常交流	149	94.9%
B. 与教师的沟通	113	71.97%
C. 观察孩子在园表现	99	63.06%
D. 参加相关教育活动或讲座	52	33.12%
E. 其他方式(请具体说明)	10	6.37%
本题有效填写人次	157	

(4)您认为目前您的孩子在社会性发展方面存在哪些不足?(多选题)

表 2-4　幼儿在社会性发展方面的不足

选项	小计	比例
A. 交往能力较弱	77	49.04%
B. 情感表达不够准确	85	54.14%
C. 规则意识不强	77	49.04%
D. 缺乏集体意识和合作能力	56	35.67%
E. 其他方面(请具体说明)	15	9.55%
本题有效填写人次	157	

(5)您认为影响中班幼儿社会性发展的主要因素有哪些?(多选题)

表 2-5　中班幼儿社会性发展的影响因素

选项	小计	比例
A. 家庭环境	146	92.99%
B. 幼儿园教育	139	88.54%
C. 社会环境	109	69.43%
D. 幼儿自身特点	124	78.98%
E. 其他因素(请具体说明)	8	5.1%
本题有效填写人次	157	

（6）在促进幼儿社会性发展方面，您最希望得到哪些方面的帮助？（多选题）

表 2-6　在促进幼儿社会性发展方面，需要提供的帮助

选项	小计	比例
A. 教育方法的指导	143	91.08%
B. 与教师的沟通合作	125	79.62%
C. 相关教育资源的推荐	95	60.51%
D. 参与幼儿园的教育活动	110	70.06%
E. 其他帮助（请具体说明）	7	4.46%
本题有效填写人次	157	

（7）您是否愿意参与幼儿园组织的家园共育活动？（单选题）

表 2-7　参加幼儿园组织的家园共育活动的意愿

选项	小计	比例
A. 非常愿意	122	77.71%
B. 比较愿意	28	17.83%
C. 一般	6	3.82%
D. 不太愿意	1	0.64%
E. 完全不愿意	0	0%
本题有效填写人次	157	

（8）您认为家园共育在促进幼儿社会性发展方面的作用如何？（单选题）

表 2-8　家园共育在促进幼儿社会性发展方面的作用

选项	小计	比例
A. 非常重要	136	86.62%
B. 比较重要	20	12.74%
C. 一般	1	0.64%
D. 不太重要	0	0%
E. 完全不重要	0	0%
本题有效填写人次	157	

（9）您通常如何处理孩子在社会性发展方面遇到的问题？（单选题）

表 2-9　处理幼儿在社会性发展方面遇到的问题

选项	小计	比例
A. 自行解决	20	12.74%
B. 与家人商量	55	35.03%
C. 与教师沟通	78	49.68%
D. 寻求专家帮助	3	1.91%
E. 其他方式（请具体说明）	1	0.64%
本题有效填写人次	157	

（二）问卷调查分析

1. 中班幼儿社会性发展的认识与重要性

问卷结果显示，家长们普遍认为中班幼儿的社会性发展涵盖了人际交往能力、情感表达能力、规则意识和行为习惯、集体意识和合作能力，以及道德观念和责任感等方面。然而，对于社会性发展的重要性，仅有少数家长表示非常了解，大部分家长了解一些或不太了解，这表明家长对于幼儿社会性发展的重要性认识还有待提高。

2. 了解幼儿社会性发展的途径

家长们主要通过与孩子的日常交流、与教师的沟通以及观察孩子在园表现来了解其社会性发展情况。这表明家庭与幼儿园之间的沟通和合作对于家长了解幼儿社会性发展具有重要意义。同时，参加相关教育活动或讲座也是家长获取相关知识的重要途径，但参与比例相对较低，说明家长在主动获取社会性发展知识方面还有待加强。

3. 幼儿社会性发展的不足与影响因素

家长们普遍认为孩子在交往能力、情感表达、规则意识等方面存在不足。影响社会性发展的主要因素包括家庭环境、幼儿园教育、社会环境以及幼儿自身特点。这提示我们，在促进幼儿社会性发展的过程中，需要综合考虑多方面的因素，特别是家庭环境和幼儿园教育的协同作用。

4. 家长在促进社会性发展方面的需求

家长们最希望得到教育方法的指导，以及与教师的沟通合作。同时，相关教育资源的推荐和参与幼儿园的教育活动也是家长们的重要需求。这反映出家长在促进幼儿社会性发展方面需要专业的支持和指导，同时也希望与幼儿园建立更紧密的合作关系。

5. 家园共育的意愿与作用

绝大多数家长表示愿意参与幼儿园组织的家园共育活动，并认为家园共育在促进幼儿社会性发展方面非常重要。这表明家长对于家园共育的认同度较高，也期待通过家园共育活动更好地促进孩子的社会性发展。

6. 处理社会性发展问题的策略

当遇到幼儿在社会性发展方面的问题时，大部分家长选择与教师沟通，其次是与家人商量。这反映出家长在处理问题时倾向于寻求外部支持和合作，尤其是与教师的合作。

综上所述，家长们普遍关注中班幼儿的社会性发展，但在认识其重要性和处理相关问题上存在一定不足。家庭与幼儿园之间的沟通和合作对于促进幼儿社会性发展具有重要意义。因此，我们建议幼儿园加强与家长之间的沟通和合作，提供更多的教育方法和资源支持，共同推动幼儿社会性发展。同时，家长也应更加主动地了解和学习有关幼儿社会性发展的知识，以便更好地指导和帮助孩子成长。

第二节 儿童心理剧与家园共育

中班幼儿正处于社会性发展的关键期，他们的社交技能、情感表达和规则意识等都在快速发展。《幼儿园教育指导纲要（试行）》（以下简称《纲要》）和《3—6岁儿童学习与发展指南》（以下简称《指南》）等文件均强调了社会性发展的重要性，要求我们教育者采取积极措施，促进幼儿的社会性发展。

幼儿心理剧作为一种富有创意的教育形式，为中班幼儿的社会性发展提供了有力的支持。通过心理剧的表演，孩子们可以在模拟的情境中学习如何与他人交往、合作、解决问题，从而提升他们的社交能力和情感表达能力。这种教育方式不仅符合《纲要》和《指南》的精神，也符合中班幼儿的心理发展特点。

我们深知，中班幼儿社会性发展的过程需要耐心引导和细心呵护。幼儿心理剧以其生动、直观的特点，能够激发孩子们的兴趣和参与度，让他们在轻松愉快的氛围中自然而然地掌握社会性发展的核心要素。

因此，我们有必要深入研究幼儿心理剧在中班幼儿社会性发展中的应用，为孩子们的成长提供更加科学、有效的教育支持。

一、儿童心理剧《我的模样》

心理现象与分析

亲子关系是儿童最早建立起来的人际关系。父母的人品，对子女的教养方式以及态度等，都会直接对孩子的身心发展产生影响。当亲子关系出现问题，孩子就会陷入不良的情绪中、出现各种问题行为。对于4~5岁中班孩子产生的心理问题，有效的家园共育能起到事半功倍的效果。幼儿园里，通过幼儿沙盘活动及教师通过观察幼儿一日生活的一言一行，了解幼儿的内心真实想法至关重要。其次,家园携手,与父母进行沟通交流,全面认识了解幼儿家庭情况,客观分析幼儿心理困惑及提供合理的家庭教养方式改善亲子关系,共同为孩子找寻真正的自我及身心健康成长保驾护航。

(一)家庭教养方式

1. 专制型

专制型父母选择严厉教育,要求孩子绝对服从安排,孩子没有独立的思想,心理一直被父母的要求所压抑,做一个听话的乖宝宝。

2. 放任型

放任型父母,一般对孩子管教较松,在生活中对孩子过度顺从,很少讲规矩、提要求,较为溺爱,以保护与迁就为主。在幼儿园里,这类幼儿会缺少基本的规则意识。

3. 忽视型

忽视型父母对孩子既缺乏爱的情感和积极回应,又缺少行为方面的要求和控制,一般只提供食宿衣物等物质需求,不在精神上提供支持,基本上没有尽到养育之责。

4. 权威型

权威型父母对孩子既能保持权威性,也能保持民主性。凡是孩子需要参与的事情,都能适当和他们商量,征求意见。虽然父母仍然起主导作用,但孩子可以随时提出自己的想法,亲子之间既有父母子女之情,又有朋友之间的友谊。

(二)家庭教养方式对亲子关系的影响

(1)专制型父母教养方式下的孩子在幼儿园一般比较被动顺从,幼儿比较胆小、怯懦,往往会形成以家长为中心的亲子关系。

(2)放任型父母教养方式下的孩子一般表现为比较强势,比较有攻击性,会要求别人顺从自己,在人际交往中容易发生矛盾,往往容易形成家长与幼儿互相对立的亲子关系。

(3)忽视型父母教养方式下的孩子容易情绪不稳定和缺乏安全感,往往容易形成以幼儿为中心的亲子关系。

(4)权威型父母教养方式是一种理性且自由的教养方式,家长与幼儿有着相互尊重的平等地位，往往会形成家长与幼儿相互尊重的亲子关系。

（三）亲子关系出现问题的成因

（1）家庭教养方式选择不当，与幼儿自身成长产生冲突。

（2）家长不能根据孩子的性格及年龄特征给予合适的教育和沟通，不能够因材施教。

（3）家长不尊重孩子、不了解孩子，给孩子的爱不是孩子想要的，家长也从来不关注孩子的内心需求。

剧本介绍

【基本信息】

单位：郑州市金水区第三幼儿园

主题：亲子关系对幼儿性格的影响

适用年级：学前

编导老师：张萌萌　徐文逸　闫茹玉　牛　源

演出人员：中大班幼儿

【辅导目标】

1. 帮助幼儿找寻自我。

2. 父母要正确地看待亲子关系，处理好亲子关系。

【人物介绍】

毛毛是一位性格内向、不善表达的小男孩。集体活动中他总是沉默不语，回答问题扭扭捏捏，非常害羞。户外活动时，他也只是自己玩耍，从不主动加入小朋友们的游戏中。

【剧本简介】

毛毛是一位性格内向、乖巧懂事的小男生，可是最近这段时间，老师突然发现他变得闷闷不乐，看不到他往日甜甜的笑容，就连他喜欢的沙盘游戏课，也是无精打采地自己坐在那里。一次户外活动，老师无意间听见他在和他的好朋友乐乐的对话，乐乐问毛毛周末有没有出去玩，毛毛沮丧地回答道："哪都没有去，妈妈天天只会带我去上我不喜欢的画画课、口才课、轮滑课……"老师在与毛毛家长的谈话中了解到，妈妈给毛毛安排了画画课、口才课、轮滑课……唯独没有给毛毛选择他喜欢的舞蹈班，后来，在老师和家长的共同努力下，毛毛渐渐地找回了欢乐……

【背景音乐】《与你同在》（逐渐变弱变小）

【旁白】毛毛是一位听话懂事、爱笑的小男生，每天早上都能看到他满心欢喜，一蹦一跳地和老师问好，课堂上随时可见他那端正的坐姿；每当老师请小朋友帮忙拿画笔，总是能第一个想到他，他就是老师的小助手。

【背景音乐】《功夫宝宝》

【旁白】做课间操时间。

毛毛开心地跟着老师一起做操，看到旁边没有认真做操的小朋友，他拍了拍这位小朋友小声提醒，并用自己的激情感染他。

第一幕 问题呈现

【背景音乐】《萤火虫》

【旁白】音乐活动上，小朋友们都开心地唱着歌，毛毛心事重重，低头抠手指。

老师：小朋友们，让我们一起用好听的声音唱一唱《萤火虫》吧！（毛毛低头继续抠手指甲）

老师：（起身走到毛毛身边轻声地）：毛毛，你的手怎么了？（毛毛伸出双手）

老师：（轻轻拍了拍他的背）：毛毛，有什么事情可以跟老师说一说。（毛毛低头不语）

【旁白】接连几天，老师暗中观察毛毛，见他早上入园时没有了往日的笑容，课堂上经常低头不语。

【镜头切换】

【场景】户外操场

【旁白】一次户外活动中，老师无意间听到他和好朋友乐乐之间的对话……

乐乐：毛毛，我们一起玩做饭的游戏吧！

毛毛：好呀！我正在炒米饭呢！

乐乐：毛毛，周末妈妈带我去游乐场玩了，我还坐木马了，你呢？

毛毛（低头小声地）：妈妈只带我去上了兴趣班。

乐乐：你上的什么兴趣班呀？我喜欢画画，妈妈带我去学画画了。

毛毛：我喜欢跳舞，可是妈妈就是不愿意，就是不愿意，怎么都不愿意带我去学舞蹈……（说着说着，毛毛放下了手中的玩具，自己一人走到角落里蹲下来）

第二幕　沙盘游戏

【背景音乐】《所愿皆星河》

【旁白】每周一次的沙盘游戏是毛毛最喜爱的课，平时上课，毛毛会拿许多自己喜欢的道具。可是这一次，毛毛却无精打采地只拿了一只老牛，放在沙子上，中间是一个小湖泊，里面有一只黑天鹅正低着头，老师发现后走到了他身边……

老师（走到他的身边，悄悄蹲下来）：毛毛，你能给我讲讲这是什么吗？

毛毛（点点头，手指着）：这是一只老牛，正在岸边吃草，这是一个小湖，湖里有一只黑天鹅……

老师（手指着黑天鹅耐心询问）：那这只黑天鹅为什么要低头呢？

毛毛：它不开心了呀！

老师：为什么黑天鹅会这么不开心呢？

毛毛（噘着嘴，委屈地）：它很羡慕白天鹅，想和白天鹅一样自由。

老师（拍了拍毛毛的后背）：你是不是遇到什么不开心的事情了？可以跟老师说一说。

毛毛：我想学跳舞，可是妈妈就是不让我去！她只会带我去一些我不喜欢的课，我很不开心！

【旁白】老师听完后，了解了毛毛这段时间来总是闷闷不乐的原因，便在放学后想与他的妈妈沟通一下，了解一下妈妈的想法。

【镜头切换】

【场景】幼儿园门口

老师：毛毛妈妈，您好，我们最近发现毛毛总是有点闷闷不乐，最近一次的音乐游戏上毛毛一直低头抠手指甲……

妈妈：哎呀老师，我一直都觉得毛毛的性格太内向了，就想多培养孩子的兴趣爱好，让他的性格改变一下，就学了画画、口才、轮滑……这些。

老师（语重心长地）：是这样呀，毛毛妈妈您真的非常关心咱们毛毛的艺术发展，为孩子提供金话筒和艺术空间这种艺术平台，那您知道毛毛他自己喜欢跳舞吗？

妈妈：毛毛之前倒是跟我提起过，但是我觉得女孩子才学舞蹈，男孩学轮滑可以提高灵敏度和身体平衡协调能力……

老师：这会儿孩子们正在参加幼儿园的足球社团，我们一起来看一看……

【旁白】妈妈在看到足球课上毛毛心不在焉地拿着足球发呆，并没有跟着老师一起游戏的时候，她陷入了沉思。

第三幕　我的模样

【背景音乐】《宝宝催眠曲》

【旁白】毛毛来到了美术社团，看着其他小朋友兴高采烈的样子，毛毛却很是闷闷不乐。

毛毛（内心独白）：都说了我不喜欢画画，为什么非让我来，我想学的是跳舞啊！

其他小朋友开始画画，而毛毛的思绪逐渐拉远………

【空椅子技术】

【背景音乐】《宝贝宝贝》

【旁白】一个小男孩儿随着音乐舞动起来。

毛毛（羡慕的目光）：哇！你是谁啊？你跳得也太好了吧！真酷！

跳舞的小男孩儿：我就是你啊。

毛毛（惊讶）：真的吗？我真的好想加入跳舞社团，可是妈妈不同意（逐渐小声）。

跳舞的小男孩儿：你再跟妈妈说说嘛，让妈妈知道你很喜欢跳舞，真的热爱舞蹈。

毛毛(不自信):可是妈妈是不会同意的,她只会觉得我是小孩子闹着玩。

跳舞的小男孩儿:把你的想法大胆地说出来。你看,你那么热爱舞蹈,所以才有了我,相信你一定可以成功的!

毛毛(眼睛里逐渐有了光):嗯!

第四幕 家园共育

放学后,老师主动联系了毛毛的父母。

老师:这是孩子最近画的画,你看看吧……

毛毛妈妈(疑问):还是因为画画课和轮滑课吗?唉,当时想着这可以锻炼孩子的胆量,结果……

老师(语重心长):家长的心情我都理解,但凡事还是要以孩子的兴趣为主,看孩子能不能接受、适不适合。否则的话,只能适得其反!

毛毛妈妈(焦急):那老师,现在我该怎么做呀?

老师:回家后,跟孩子谈谈心吧,孩子已经长大了,咱们要学会尊重孩子的想法。还是那话,以孩子为本!

毛毛妈妈:好,我知道了,麻烦老师了!

【镜头切换】

【场景】毛毛家

毛毛妈妈:毛毛,过来一下,妈妈问你几个问题。

毛毛(好奇):怎么了?妈妈。

毛毛妈妈:上了这么久的画画课、轮滑课、口才课,你觉得怎么样?

毛毛(低下头,小声地):我很喜欢张老师和牛老师,可我,可我还是更想学跳舞。

毛毛妈妈:但是跳舞特别累,特别辛苦。如果妈妈让你去跳舞了,你能坚持下来吗?

毛毛(惊喜并坚定):妈妈,真的吗?我一定可以的!

【背景音乐】《快乐指南》

【旁白】每次的舞蹈课,毛毛都很认真,并且回家表演给爸爸妈妈看,爸爸妈妈有时也会跟着毛毛跳一跳，家庭里总是充满欢声笑语。在幼儿园，餐前表演毛毛也会开心主动地给小朋友们表演。现在，毛毛变得越来越大胆、自信，敢于在大家面前展示自己了，是我们班公认的小小舞蹈家了。

毛毛：虽然跳舞很辛苦，但是只要我努力，我一定可以成为世界上最棒的舞蹈家！

【背景音乐】《一起长大的幸福》

【结尾画面】在家里的客厅，爸爸妈妈共同跳毛毛新学的舞蹈。

【字幕】谨以此剧，献给不知道如何培养孩子兴趣爱好的宝爸宝妈们。兴趣是最好的老师，要学会尊重孩子做他最真实的模样，聆听孩子的内心世界！

幼儿园教育指导

《纲要》中明确指出："幼儿园必须把保护幼儿的生命和促进幼儿的健康放在工作的首位。树立正确的健康观念，在重视幼儿身体健康的同时，要高度重视幼儿的心理健康。"孩子的健康成长除了外显的身体健康，还有更重要的心理健康，心理积极、快乐，充满阳光才能发挥幼儿的兴趣和聪明才智。

（一）教师给予更多的关注和及时的肯定

毛毛是一个性格内向、不善于表达的男孩，不太自信。所以教师要用细致观察、及时的鼓励和赞美，增加幼儿在全班孩子面前的自信心。借助外部环境、幼儿之间的肯定和教师的细致观察促进幼儿正确认识自己，并且也可以借此机会调动孩子交朋友的积极性，帮助孩子选择两到三名适合的伙伴，从性格相近到性格活泼依次递进，同班的好朋友、年龄相当，在一日生活当中不仅能够互相帮助，还能够帮助孩子建立起自信。

（二）师幼建立相互信赖的关系

可以利用一些小策略。比如很多孩子存在感知觉异常的问题，可以从孩子的感官下手，或者接纳孩子的需要和兴趣，加入他们的活动，还可以通过配合孩子的节奏等建立相互信赖的关系。

（三）善于发现孩子身上的"闪光点"

当孩子呈现出来胆怯、不自信时，千万不要有太强烈的反应。要善于发现孩子身上的“闪光点”，抓住孩子偶尔大胆的举动，给予必要乃至夸张的表扬鼓励。

(四)家长摆正心态，及时沟通做好家园共育

家长要多站在孩子的立场，考虑孩子到底想要什么，愿意做什么。不同的性格有不同的优势，教师要运用自己专业的知识和切实可用的方法，及时给予家长有效的引导，剧中第四幕，教师主动和毛毛家长联系，以孩子的兴趣为主，倾听孩子的声音走进孩子的世界。所以一定要做好家园共育，运用爱、鼓励和科学的教育方法、教育理念，同家长形成教育合力，帮助每位孩子健康自在快乐地成长！

家庭教育指导

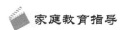

《指南》中指出：“幼儿在活动过程中表现出的积极态度和良好行为倾向是终身学习与发展所必需的宝贵品质。要充分尊重和保护幼儿的好奇心和学习兴趣，帮助幼儿逐步养成积极主动、认真专注、不怕困难、敢于探究和尝试、乐于想象和创造等良好学习品质。”忽视幼儿学习品质培养，单纯追求知识技能学习的做法是短视而有害的。

可见兴趣是最好的老师，一个人不管干什么事，有无兴趣，产生的结果差别很大。每个孩子都有自己的兴趣爱好，帮助孩子将兴趣内容培养起来，后续对于孩子个人的成长也会有非常大的帮助。那么作为家长该如何做呢？

(一)了解3~6岁幼儿兴趣的发展特点

1. 幼儿的兴趣表现出年龄差异和个别差异

孩子在3岁之前几乎对所有事情都感兴趣，但是在3岁之后开始形成“中心兴趣”，即只对某一类事情感兴趣。对同一类兴趣，不同孩子关注的重点也有区别，有些孩子关注的是颜色，有些孩子关注的是形状。

2. 幼儿的兴趣多为直接兴趣

直接兴趣是对活动本身的兴趣，比如对看电视、玩游戏、玩手机、画画等的兴趣。有一些活动，孩子对活动本身并没有兴趣，但仍然坚持参与，这就是间接兴趣。如果家长能够适当引导，即便是间接兴趣，孩子也能够长期坚

持下来。

3. 幼儿的兴趣容易变化，稳定性不足

幼儿的兴趣大多是浅层次的，今天喜欢唱歌，明天就可能喜欢跳舞，对孩子“朝三暮四”的态度，家长需要宽容对待。

（二）耐心聆听，及时发现孩子的兴趣

1. 倾听是和孩子进行有效沟通的前提

在与孩子沟通交流时，要听孩子把自己的意见表述完，而不中途粗暴打断。所谓倾听不是说让家长闭嘴，坐在那里光听就好，最好的倾听是要有互动，哪怕是一个肯定的眼神，孩子才会有兴趣跟你聊下去。除了眼神，还可以通过身体姿态、面部表情、肢体动作、声音语调等细节传达出你对他的关注，表明你在认真听，并且听懂了孩子的倾诉。

2. 发现幼儿比较关注和常常提起的内容

孩子喜欢叠纸飞机，那么可能是对飞机感兴趣；孩子喜欢观察昆虫，那么可能是对自然感兴趣。

3. 幼儿全神贯注投入的活动

孩子乐于全力投入的活动，往往是感兴趣的活动。

（三）及时给予孩子肯定与鼓励

培养孩子的兴趣，不仅在于教授孩子技能，还要使孩子的兴趣得以长久保持下去。无论家长还是老师，在孩子有所进步的时候，应给予孩子积极地反馈，当孩子遭遇挫折的时候，能够给予孩子鼓励，引导孩子克服困难。

二、儿童心理剧《我能行》

心理现象与分析

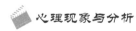

学龄前期是促进儿童自信心发展的重要时期。《纲要》对社会活动教育的要求指出：要为每个幼儿提供表现自己的长处和获得成功感的机会，增强自尊心和自信心。《指南》社会领域教育建议指出，成人要关注幼儿的感受，保护其自信心。

(一)中班幼儿自信心培养概述

中班幼儿由于认知能力的提高和情绪体验的积累,积极健康的情感和初步的情感能力得到发展,已开始把自己或别人的行为与普遍行为规则相联系,并能对自己或他人的具体行为产生肯定或否定的评价,积极健康的情感处于萌芽阶段,也产生了初步的情感能力。故而幼儿期是培养幼儿自信心的最关键时期。

同时,这个时期幼儿自我评价具有他律性、表面性和片面性的特征,对于自己力量的认识和自己可能达到的成就评价相对肤浅、零星、不稳定,且容易受成人评价的影响,因而幼儿会出现信心不足的表现,这是幼儿心理发展的必经阶段,在这个阶段,我们应该帮助幼儿培养他们的自信心。

(二)幼儿自信心不足的表现

1. 害羞

幼儿怕见生人,见到生人或许久未见的熟人会躲到家人的后面,无论家人怎么引导都沉默不语甚至会有消极情绪的产生,不敢主动与别的小朋友玩耍。

2. 缺乏主见

在遇到问题的时候,习惯去找大人帮忙,不敢表达自己的想法或者没有自己的主见,总是听从别人的指挥。

3. 比较在意他人的看法和言语

因为他人对自己的评价伤心难过,甚至放弃正在进行的活动,长时间沉浸在消极情绪中。

4. 低头小声说话

和他人说话时看向别处或者低头,小声嘟囔,会因为对方微小的神情或动作停止表达。

5. 不乐于交朋友

自由活动时自己单独在角落里,不愿意和别人交朋友,甚至害怕结交新朋友。

6. 习惯性自我否定

遇到事情时习惯性认为自己不会做或者做不好,直接放弃尝试。

(三)影响幼儿自信心发展的因素

1. 幼儿身心发展状况

健康的身体和心理是幼儿建立自信、获得成功的第一步,达到相应的年龄发展特征是培养幼儿自信心的首要条件。

2. 幼儿园的教育环境和教育方式

(1)师幼沟通。教师在与幼儿的沟通交流中,其一言一行被幼儿视为自我评价的标准,并且教师的言语和肢体动作以及情感态度都会对幼儿自信心产生影响,教师要用心关注每一位幼儿,用正面管教的方法对待每一位幼儿。

(2)同伴交往。与同伴友好交往、开心游戏,感受到同伴间的接纳与爱护,有利于幼儿自信心提升;不能与同伴友好相处,被排斥、受孤立,则不利于幼儿自信心的培养。

(3)幼儿园活动的开展。幼儿处于社会活动的探索阶段,游戏作为幼儿学习的主要形式,在角色游戏活动中逐步掌握应对冲突、解决问题的方法,提升社会交往能力,有利于幼儿自信心的提升。幼儿园丰富的游戏内容和形式对幼儿自信心的培养有着潜移默化的影响。

3. 家庭因素

(1)家庭氛围。温暖、平等、和谐、愉悦的家庭氛围有利于幼儿自信心的形成;经常遭受挫折、失败和严厉的管束,幼儿就会产生自我怀疑,自信心减弱。家长的帮助和支持极其重要。

(2)家长的教育观和教育方式。不同的教育观和教育方式,会导致培养目标、方向存在差异,也就成为孩子自信心差异的重要因素。不利于幼儿自信心培养的家庭教养方式主要表现为:过度溺爱、包办替代;要求过高、时常否定;对比别人家的孩子;忙于工作,忽视幼儿情绪状态。

剧本介绍

【基本信息】

单位:郑州市金水区第三幼儿园

主题:幼儿自信心培养

适用年级:幼儿园中班

编导老师:周晶晶　张津津

演出人员:中班幼儿

【辅导目标】

1. 幼儿正确面对挫折,正确认识自我,从而树立自信心。

2. 父母科学养育,关注幼儿身心健康。

【人物介绍】

凯凯的原型是作者教过的一个孩子,他是中一班的一名时常自我怀疑的小男生,在家里做事情妈妈时常帮忙,自理能力弱,自信心不足。在老师和小朋友面前,凯凯时常自我否定,认为自己做什么事都做不好。

【剧本简介】

凯凯是中一班的一名时常自我怀疑的小朋友,他有很多事情都做不好。比如,凯凯和妈妈去公园,刚想跑起来,却被路上的一块小石头绊倒了;凯凯吃早餐的时候,刚把杯子端起来,却不小心把杯子里的果汁洒出去了。面对自己的每一次挫败,在妈妈的质疑声中,凯凯越来越不相信自己能把事情做好,没有试过的事情,凯凯更是拒绝尝试。老师明白,他是有能力做好的,只是对自己缺乏信心,于是便对他进行了引导,家长也愿意配合,凯凯终于对自己建立了信心。

全剧共分三幕。第一幕《穿不上的衣服》讲的是早晨凯凯穿衣服时衣袖子总是往里缩,怎么也穿不好,好不容易穿好,又想去厕所;吃早餐时,把果汁碰洒了;凯凯和妈妈一起去公园,刚想跑起来,却被小石子绊倒;下楼梯没看到台阶,又摔倒了;回到家,凯凯看书,把书页撕烂了;回房间睡觉又碰到了桌角……每次不小心的时候妈妈都会安慰他,但也会对他说:“你就不能小心点吗?”每次听到这句话,凯凯都会小声抽泣。第二幕《妈妈的改变》讲的是在凯凯自我怀疑的时候，有一只小精灵来到了凯凯身边，安慰他、鼓励他，在凯凯每一次不敢尝试的时候给凯凯加油鼓劲。第三幕《重拾信心》讲的是凯凯在小精灵的疏导下，逐渐开朗、自信起来，终于能够放开手脚做自己想做的事了！

【教师解读】

幼儿园一贯以来都非常重视幼儿的心理健康教育和辅导，不仅设立沙盘室供幼儿疏导心理，还支持教师学习幼儿心理学，以及可操作性的心理治疗方法等，近年来还尝试运用心理剧的形式对幼儿进行心理健康教育。剧本内容完全取决于幼儿日常生活，师幼自编自导自演，既达到了心理健康教育的目的，又丰富了师幼的文化生活，收到了很好的效果。

3～6 岁幼儿处于生命最初的阶段，生活中的点点滴滴都需要学习。在幼儿做事的过程中，受挫是很常见的事，面对挫折如何调整心态是很重要的，本剧旨在引导幼儿正确面对挫折，正确认识自我，从而树立自信心。

【人物】凯凯、妈妈、精灵、老师、朵朵、壮壮

第一幕　穿不上的衣服

【场景】凯凯家里

【字幕】凯凯坐在床上穿衣服。

凯凯（着急）：我的衣服袖子怎么总是往里钻啊！衣服好难穿啊！妈妈——

妈妈（走过来）：怎么了？衣服又穿不好了？（妈妈帮凯凯穿好衣服）快去洗漱、吃早餐吧。

【镜头切换】

【场景】在幼儿园教室里

【字幕】午休起床，凯凯坐在床上怎么也穿不上衣服。

凯凯（着急地）：老师，老师！

老师（温柔地）：怎么了凯凯？

凯凯（难过的）：我怎么也穿不上衣服，你帮帮我吧！

老师：凯凯，不着急，慢慢地再试一次，你肯定可以的！

凯凯:可是在家里都是妈妈帮我穿的,我就是不会穿!

老师:没关系,老师来教你,我们先找到衣领,然后……

凯凯(大声哭闹):我不会,太难了,根本学不会,就要老师帮我穿。

【旁白】老师无奈地帮助凯凯穿上了衣服。

第二幕　妈妈的改变

【场景】心理咨询室

【字幕】老师与凯凯妈妈进行沟通。

老师:凯凯妈妈,平时在家里,凯凯的衣服都是您穿的吗?

妈妈:哎呀,早上时间太紧张了,他穿得太慢了,还总是穿不好,我就帮他穿了。

老师:凯凯妈妈,您知道凯凯为什么总是穿不好衣服吗?

妈妈:我就是顺手帮他穿了,这个问题我倒是没有想过。

老师:凯凯妈妈,孩子的自理能力都是通过不断练习才得以提升的。您要尝试放手,让孩子自已去做,自理能力提高了,孩子的自信心也会提升。

凯凯妈妈:好的老师,那我试试。

凯凯(跑过来抱住妈妈):妈妈,我们回家吧!

老师(拉住凯凯的手):凯凯,老师这里有一颗魔法石,它可是有魔力的哦,当能遇到困难的时候,摸一摸它,会给你带来能量哦!

凯凯(兴奋地):真的吗?

老师(微笑着):当然啦!

【旁白】凯凯开心地和老师说再见,跟妈妈一起回家了。

【镜头切换】

【场景】凯凯家里

【字幕】第二天早上,凯凯坐在床上穿衣服。

凯凯(着急地):妈妈——帮我穿衣服!

妈妈:你自己试试吧!

凯凯:我不会!

妈妈(递过来魔法石):昨天我看到魔法石已经把能量传递给你了,妈妈觉得你努力试一试一定可以的！

凯凯（接过魔法石）：那好吧！

【旁白】在妈妈和魔法石的鼓励下，凯凯尝试自己穿衣服，在妈妈的指导下，凯凯终于穿好了衣服。

凯凯（开心地手握魔法石）：妈妈，我会自己穿衣服啦！

妈妈（微笑着）：是的，宝贝，你可真棒！

【镜头切换】

【场景】凯凯家门口

凯凯（着急地）：妈妈，妈妈，鞋子怎么也穿不上！

妈妈（边收拾东西边扭头看凯凯）：凯凯，换个方法试一试怎么样？

凯凯：可是……可是……

【旁白】凯凯用手摸了摸口袋里的魔法石，看了看妈妈，什么也没说，默默地继续穿着鞋子，最后自己穿好鞋子，和妈妈开心地去学校了。

第三幕　重拾信心

【场景】幼儿园操场上

朵朵（一直在等凯凯，着急地）：凯凯、凯凯！这个螺丝我怎么都拧不下来！

凯凯：我来试试。（凯凯拧了一会儿拧下来了）

朵朵：谢谢凯凯！

老师（从旁经过看到了凯凯拧螺丝）：凯凯你拧螺丝的时候很聪明！

【镜头切换】

【场景】教室里

【字幕】凯凯在帮老师发餐具，桌子上的餐具摆得整整齐齐。

老师：凯凯，今天的你不一样哦，每一组的餐具你都摆得特别整齐！而且都是按每组的人数摆的，你真能干！（凯凯开心地笑了）

凯凯：老师我摆完了！

老师：凯凯你能带小朋友玩一个手指游戏吗？

【凯凯独白】我可以吗？我能带小朋友们玩游戏吗？会不会做错啊？

凯凯（深吸一口气，用手摸了摸口袋里的魔法石，看着老师）：老师，我能行！

老师：凯凯你真棒！请开始吧！

凯凯（双手握拳，一步一步地走到教室前面，看着面前的小朋友们伸出双手）：黑猫警长，黑猫警长，滴滴滴……

（小朋友们认真地跟着凯凯玩着手指游戏）

凯凯（双手放在身体两侧，鞠躬）：谢谢大家！

【旁白】老师和小朋友们都为凯凯鼓掌，凯凯开心地、一蹦一跳地回到了自己的位置上。

【凯凯独白】原来我真的不笨啊，我可以摆好餐具，带领小朋友玩手指游戏……原来我可以把事情做好！

【镜头切换】

【场景】幼儿园操场

【背景音乐】《我相信》

【字幕】朵朵和壮壮登场，四人共跳舞蹈。

朵朵：我不太会画画，但是，我相信只要我用心就能画好，看，这是我的画，很不错吧！

壮壮：我不太会种植物。但是，我相信在妈妈的指导下我能种一棵大蒜，看，我的大蒜已经长得很高了！

一齐：小朋友们，只要我们相信自己，我们就能把事情做好！

【镜头拉远模糊】

教师、幼儿、家长观后感

教师张津津：家长的过度保护会剥夺孩子发展独立能力的机会，孩子的自我要求太低，不会主动地去接受任何挑战，也不会去挑战任何的困难。当各种问题来临时，他们总希望能够假手于人，久而久之，自然会缺乏独立性。

幼儿昕昕：凯凯刚开始也想自己穿衣服、穿鞋子，但是妈妈总是很着急，害怕上学迟到。所以给凯凯养成了不愿意自己动手的坏习惯，家长和老师对凯凯的鼓励和帮助，让凯凯重拾信心。

家长谦谦妈妈：作为父母应该学会放手，让孩子做一些力所能及的事情，即使失败了也不过是从头再来，如果没有这样放手锻炼的机会，对于孩子来说独立能力也不能得到很好的发展。

幼儿园教育指导

（一）激发每个幼儿的潜能

每个孩子的发展都存在着无限的可能，每个孩子的身上都有无数个闪光点，作为老师要善于发现孩子读的闪光点，并加以强化和鼓励，激发孩子的潜能，让每个孩子都看到自己的能量，从而对自己充满自信。

（二）帮助孩子正确认识自己

中班幼儿对自己的认知多来自成人的评价，老师要给孩子积极正面的评价，让孩子全面地看待自己，对自己的能力充满自信。

（三）培养幼儿积极乐观的心态

对待生活积极乐观的心态也是孩子自信心的来源，教师在平时的教育教学中要尊重信任孩子，注意培养孩子的抗挫折能力，设置增强孩子自信心的教育，培养孩子不畏艰难、坚持不懈的良好心态。

家庭教育指导

（一）给孩子自理的机会

家长在家庭中要学会放手，让孩子做一些力所能及的事情，刚开始孩子可能完成得不是很好，但是随着一次次的练习，孩子的自理能力会越来越强，同时独立性也得到发展，自信心逐步提升。

（二）学会支持和鼓励

父母是孩子最信任的人，当孩子在生活中遇到困难，父母能站在孩子身后，做孩子坚强的后盾，和孩子一起并肩而上，相信孩子在这样的力量驱使下，一定能够更好地面对人生中的坎坷，对自己充满信心。

（三）给孩子自己选择的机会

家长多给孩子自己选择的机会，比如周末带孩子出去玩，先征求孩子的意见，想去哪儿玩，需要准备什么，听取孩子的意见，让孩子自己做决定，孩子会更加自信。

(四)不拿自己的孩子和别人的孩子比

家长总拿自己的孩子和别人的孩子比,不仅会增加孩子的攀比心,还会让孩子因为攀比变得不自信。

三、儿童心理剧《我生气了——非常非常生气》

心理现象与分析

情绪是看不见摸不着的,又与幼儿如影随形。帮助中班幼儿正确认识情绪、感知情绪、了解情绪,在此基础上逐步学会调节情绪、控制情绪,对于中班幼儿情绪掌控能力的提升以及中班幼儿健康快乐地成长有着积极意义!

孩子在成长的过程中,由于心智发展不足,一点事不顺心就会“情绪爆发”,经常哭闹、发脾气、躺地上撒泼打滚、把玩具扔得到处都是……在进入幼儿园后,处于情感敏感期的孩子们自主意识越来越强,发脾气等情绪不好的现象比较常见。

(一)幼儿情绪的不同水平

1. 烦恼

在大多数情况下情绪源自于烦恼和恼火。在这个阶段,孩子们可以对抗或逃避,最后的结果也是不同的。

2. 生气

在这一个阶段,通常会伴有生理变化,紧张情绪快速增长,通常孩子会遵循父母的指导。

3. 勃然大怒

这是最不舒服的一种愤怒。孩子未必能发现自己的愤怒情绪在不断发展。有些孩子在烦恼后迅速就进入了大怒阶段。这类孩子缺乏愤怒情绪管理。

(二)情绪的防御机制

愤怒有五种心理防御,这些防御方式能帮助儿童或成人隐藏他们的愤怒。

1. 抑制

抑制的心理防御把愤怒隐藏起来,短期内不再感知到愤怒。他会说:“生气多痛苦啊,我就不把它当事儿。”

2. 转换

转换的心理防御让人感觉麻木,但随后可能会让人伤害自己。我们可以看到,有些人会伤害自己从而表达愤怒(自残)。

3. 被动攻击型

被动攻击的心理防御让儿童或成人相信自己没有感到丝毫的愤怒,但在不知不觉中他们会表现出对立的行为,如拒绝开始去做一样事情,拖拖拉拉等。

4. 认同攻击者

认同攻击者的心理防御也是一种自我保护的机制。在这种防御机制下,孩子会迁怒于其他的受害者,而不是向攻击者表达害怕或愤怒(比如会迁怒于被欺负的兄弟姐妹)。

5. 变被动为主动

变被动为主动的心理防御机制指相信某种说法并付诸行动。如果一个孩子认为“人们总觉得我是个坏孩子,且经常发我脾气”,那么他可能会有“既然你说我坏,我就坏给你看”的想法。因为通过这样的表达,孩子才觉得能控制自己的行为。

孩子比成年人其实更具有修复力,更具有弹性,他们会呈现出一些愤怒的情绪。孩子需要学会怎么样对愤怒进行管理,所以给她们设定一些界限,就会让孩子感到安全。

(三)愤怒的来源

我们要分清楚两种类型的愤怒。第一种是健康的愤怒。它只是我们的一种情绪体验,它会帮助我们努力去达成我们自己想要达成的目标,去激励我们,允许我们朝着这个目标努力,并且不会放弃。愤怒其实是一种很健康很正常的情绪反应,我们不应该只是把它隐藏起来、压抑起来,因为这样会伤害到我们自己。第二种愤怒是不健康的愤怒。这种愤怒是一种非常极端的不安的情绪,它会导致一个人的混乱,会让一个人彻底被这种情绪所压倒,然后彻底爆发,也会让人生病。这种负面情绪,是大部分人认为我们愤怒的样子,但实际上首先它是有一个健康的愤怒,然后才会达到这样一个不健康的愤怒的程度。

剧本介绍

【基本信息】

单位:郑州市金水区第三幼儿园

主题:正确认识情绪并合理调节

适用年级:学前

编导老师:张雨　张娜　胡玉佳

演出人员:朱好萱　郑双儿　韩栩桐　郑子航　夏宇硕

【辅导目标】

1. 情绪没有好坏之分,学着接纳自己的情绪。

2. 和老师一起发现自己乐于接受的调控生气的方法。

【人物介绍】

人物:依依　七七　婉婉　真真　好好

七七是心理剧中的主人公,与同伴相处时存在一点问题,情绪调节方面需要疏导和帮助。

依依、生生、小北是直接与七七产生矛盾交集的人物。

婉婉、真真、好好是参与同伴矛盾调节的人物。

【剧本简介】

结合中班幼儿的身心特点,和日常孩子的生活游戏观察,心理剧《我生气了——非常非常生气》应运而生。本剧旨在影响孩子情绪调节的方法和能力,让孩子们认识情绪、控制情绪、保持情绪等积极情绪活动的方法,幼儿情绪的控制及调节能力得以提升,为幼儿快乐成长奠定良好的情绪及心理基础。

七七是一个比较有个性的男孩,在与同伴交往的过程中很有自己的主见,但是情绪容易波动。餐后自主游戏时,和同伴因为玩具产生矛盾生气;

餐前游戏因为座位问题,看不到同伴主动帮助自己而生气;在洗手间进行洗手的时候,同伴没有经过他的同意,用他的水龙头洗手而生气。最后他去寻求老师的帮助,在老师这里他是安全的,一点一点说出自己生气的原因。他和老师一起找到缓解生气的方法,做自己情绪的小主人。

【教师解读】

情绪是伴随着个体成长而普遍存在的一种心理活动,情绪又是有着明显外在表现的行为活动。良好的情绪,对个体成长发育产生积极的影响,而不良的情绪,则可能使个体产生消极怠慢的心理。中班幼儿大多已经初步认识了情绪,但情绪的控制调节能力却很一般。中班幼儿存在的负面情绪,也极容易导致幼儿不合群、不能和同伴友好相处、不接受老师的安排,以至于影响了其健康快乐成长。情绪是看不见摸不着的,又是与幼儿如影随形的。帮助中班幼儿正确认识情绪、感知情绪、了解情绪,在此基础上逐步学会调节情绪、控制情绪,对于中班幼儿情绪掌控能力的提升以及中班幼儿健康快乐成长有着积极意义!

第一幕　问题呈现

【场景】区域游戏时间,孩子们自由选择自己喜欢的区域进行游戏。

【旁白】今天和昨天一样,孩子们有序地进入游戏中。今天和昨天不一样,今天游戏中发生了这样一幕——七七和依依争抢玩具。

【背景音乐】《A大调圆舞曲》

【镜头切换】七七和依依争抢玩具。

七七(大声地):这是我的玩具。

依依:该我玩了。

七七:不给！我就不给,这是我的,我还没玩够。

依依:就该我玩了！哼,拿过来。(一下把玩具抢了过来)

七七(生气地):啊啊啊——你真烦人,我不跟你玩了。

(走的时候七七把依依推倒了,依依哭了)

依依(哭着说):我要告诉老师,呜呜呜——

七七:我不怕,是你抢我的玩具。

婉婉:玩具要一起玩,不能自己一直玩。

七七:我就玩,我就玩,我还没玩够。哼!

真真:你们石头剪刀布,谁赢了谁就玩。

七七:我不我不,我就不。

好好:对对对对,七七和依依石头剪刀布。

(七七和依依在同伴的帮助下石头剪刀布,依依赢了,七七更生气了,气得哭起来。)

七七:哼! 我再也不跟你们玩了,呜呜呜——

【镜头切换】

【场景】班级教室

【旁白】午饭前,小朋友把椅子搬到桌子旁边一个挨着一个,然后跟老师进行餐前游戏。别的小朋友搬椅子比较快,中间没有给七七留足够的空间,他就把椅子搬到旁边了。

【背景音乐】《你笑起来真好看》

老师:七七,你怎么坐到旁边了,坐到吃饭队里。

七七:可是没有位置了啊!(说着,用手指了指生生旁边剩的不大的空位。)

(生生看了看老师,看了看七七,没有说话)

老师:你请生生往旁边挪一挪就好了。

(七七拉着椅子站在生生旁边,没有说话)

七七:老师,她不让我坐她旁边,我说了她也不动。

生生:你也没说啊。

七七(很大声):那你往旁边让让啊!

生生:你这么大声音干什么?(说着把椅子往旁边挪了挪,把头扭到一边去)

(七七把椅子搬到位置上坐了下来,嘴巴里咕哝着什么,真讨厌,都不给我让座位)

【镜头切换】

【背景音乐】《小跳蛙》

【场景】洗手间排队洗手

【旁白】小朋友们餐前,随洗手随开饭,七七和小北是一个小组的,一起去洗手间洗手,发生了这样一件事——七七和小北各用一个水龙头。

七七:咱俩一人一个水龙头正好,不用等了。

小北:你的水龙头水好大啊,让我洗洗。(说着,把手伸到七七的水龙头下面)

七七:不要不要,你用你自己的洗。(说着,把小北的手往旁边推)

小北:不要这么小气嘛!(又把自己的手伸到七七的水龙头下面)

七七:啊啊啊——我讨厌你,我再也不和你玩了。

小北:我就是和你玩玩,你别生气啊。

七七:我现在很生气!(七七跑开了,小北低下了头,一句话也不说)

第二幕　疗愈过程

【场景】教师办公室

【旁白】七七跑到老师身边,伤心地哭了起来。

老师:七七,你怎么了?(边说边抱着七七安慰他)

七七:老师,我好生气,气得流眼泪了。

老师:你现在什么感觉?

七七:老师,我感觉我像是一个大气球,浑身充满了气,我不喜欢这样子,我的脸都红了,我的手都抖了,他们每个人都要来气我。

老师:我特别喜欢你对自己感受的表达,像一个气球一样。我也会有这样的感觉。

老师:我们一起来吹气球吧!(七七吹了一个正常的气球,老师吹了一个很大的气球,七七看着用手捂着耳朵,往后躲着。)

老师:七七,你看,我这有两个气球(一个特别大,一个正常),如果请你玩,你想玩哪个气球呢?

七七:我想玩这个(指了指充气正常的气球)

老师:为什么你不玩这个呢?(指充气特别饱满的气球)

七七:它太大了,我害怕它会爆炸。

老师:是啊,你都害怕这个大气球,都不敢跟它玩,其他的小朋友也不敢啊,现在你觉得自己像哪个气球呢?

七七:我觉得自己像那个大气球。

老师:那你想一想,有没有什么办法把这个大气球也变得让小朋友喜欢玩呢?

七七:我知道,把气放掉一些就可以了。

老师:那我们也试一试,把身体里的气放掉一些。(老师带着七七做深呼吸吐气的动作)

老师:七七现在感觉怎么样呢?

七七:好了一点。

(教师给了七七一个大大的拥抱)

老师:看呀!你是能够做情绪的小主人的。除了深呼吸的方法还有一些可以帮助我们管理情绪的好办法,你看!

老师:大声唱歌也可以让你的心情好起来。(出示大声歌唱的图片)

老师:看一看身边的美丽风景也可以让心情好起来。(出示美丽风景的图片)

老师:跑一跑,跳一跳,也会让你的心情好起来,老师把这些图片都送给你,相信你一定能做情绪的小主人。(出示运动的图片)

七七:嗯,老师,你说的对。我要做情绪的主人,不能被它控制了,谢谢老师!

第三幕　七七的改变

【场景】班级教室

【旁白】教师在讲绘本故事《菲菲生气了》。七七听得很认真,听到故事结尾眼角还露出了一丝微笑。餐后,孩子们一起散步。

七七又和小朋友玩起了石头剪刀布,这次他又输了,刚想要发火,突然想到老师送她的图片,她拿出来一看,大声地唱起歌来,心中的怒火慢慢平息了,旁边的小朋友听到七七的歌声也跟着七七一起唱起来。(他们一起开心的唱歌,唱着唱着跳起来)

【镜头切换】舞蹈表演《我们都是好朋友》

七七：生气是我们会有的情绪，它和开心一样，可是它们给我们身体带来的感觉不一样。小朋友，生气的时候用你喜欢的方法调节自己的情绪，做情绪的小主人吧！

幼儿园教育指导

创设有益于幼儿积极情绪情感形成的生活氛围。

（一）教师真情关爱幼儿，使幼儿有受重视的感觉

接受幼儿的情绪，如果遇到闹情绪的幼儿，教师要做幼儿的知心人，站到幼儿的一方，聆听幼儿的心声，然后根据不同情况采取不同方法去安慰。给幼儿树立良好的榜样。在各种活动中，教师心情愉快，幼儿也会心情愉快。对于模仿性极强的幼儿，教师的情绪表达方式也是幼儿学习的榜样，如果能冷静对待幼儿的错误，恰当表达幼儿的感受，就给幼儿提供了榜样。

（二）了解幼儿的年龄特点，开展各种形式的活动，认识情绪、了解情绪

中班幼儿积极的情绪情感相对稳定，但由于难以准确表达自己的情绪情感状态与需要，表现出情绪敏感、调控能力差、易激动和失控。培养幼儿正确表达自己的情绪情感和对情绪情感的调控能力，保持良好的心态，在幼儿园愉快地生活和成长显得非常重要。通过歌曲《表情歌》、讲故事、看图书、谈话等活动，幼儿了解自己与他人的情绪及情绪变化，知道良好的情绪有利于自己和他人的身心健康，有利于小朋友之间的交流。通过游戏《变脸》活动，幼儿学习关注别人的高兴、悲伤、激动、着急等情绪，知道常见的不同情绪的面部特征和表达方法。

（三）通过游戏，幼儿学习表达宣泄不良情绪的多种方法

通过“不高兴怎么办”系列活动，幼儿学习表达、宣泄不良情绪的多种方法，如，哭、善意的争吵、撕纸、唱歌、跺脚等。

1. 学习通过表情了解别人的心情。

2. 学习了解自己的情绪并正确表达。

3. 学习调整自己情绪的技能，如，把“不高兴”埋起来。

家庭教育指导

(一)接纳孩子的情绪,帮助孩子表达自己的情绪

帮助孩子建立内在的自我认可标准,帮助他们明确做什么事情会使他们感到自豪。父母要先安抚孩子的情绪,表达是调节情绪的一种好方法。当孩子出现情绪问题时,家长要及时地引导他将情绪表达出来。例如“你现在感觉怎么样?”“能说说为什么不开心吗?”,用简单的问题引导孩子将引发坏情绪的原因表达出来,了解孩子出现坏情绪的前因后果,才能更好地帮助孩子扭转坏情绪。

(二)教孩子一些疏导坏情绪的方法

孩子出现情绪问题是在所难免的,如果任由孩子的坏情绪持续而不去疏导,会让孩子失去理智。疏导坏情绪的方法有很多,例如,当孩子因某事钻牛角尖或者争论不休的时候,可以通过转移注意力疏导情绪,带孩子做自己喜欢的事情、吃好吃的都是转移孩子注意力的好方式。

(三)合理的生活制度

丰富的生活内容、身体健康和良好的行为习惯的形成,有助于幼儿情绪的稳定。丰富的生活内容会让幼儿产生兴趣,有探索欲望,感到快乐和满足,所以家长应尽量让各项活动轻松、活泼和多样化。多带孩子走出去,进行多种多样的户外活动,让孩子接触到较多的事物和情境。

(四)和谐的家庭生活

良好的情绪示范、家庭和睦、家庭关系亲密,都会给孩子带来良好的情绪示范。家长要展现出积极热情、乐于助人、关心爱护他人等良好的情绪。要公正地对待孩子,适当地满足孩子的需求,帮助孩子适应变化的新环境。不能恐吓威胁孩子,也不能溺爱或过分严厉地对待孩子,否则会使幼儿形成不良的情绪和性格。

四、儿童心理剧《你是最棒的》

心理现象与分析

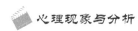

自我认知是指个人对自己的一种认识和了解，对自己的情绪和感受的认识与调节，以及自我评价、自我规划的能力等。幼儿出现胆小、不自信等表现都是由于幼儿的自我认知有偏差所致。本剧通过创设情景将幼儿的心理通过表演的方式呈现出来，再通过个别辅导、倾听鼓励幼儿等一系列的心理辅导来改善，让幼儿逐渐对自己有更清晰的认识，增强幼儿的自信心。

（一）自我认知在不同阶段会呈现出不同面貌

1. 婴儿期的自我认知

0～3岁的婴儿期，很多父母认为婴儿几乎没有太多对自己的认识，但其实在他刚出生的阶段，只要自己一哭所有人都会围着他转，这就会让婴儿容易形成“万能自我”“宇宙中心”的认知。

著名的阿姆斯特丹“点红实验”发现，一岁半左右的婴儿已经能够发现镜中的自己和实际的自己一样。两岁左右的孩子大部分开始意识到自己是区别于其他人的独特存在，常使用“我”之类的第一人称。

2. 幼儿期的自我认知

当孩子进入幼儿期后，他们开始对自己是什么样的感到好奇，此时“自我认知”体现在对自己的外貌、性格、兴趣爱好、能力、同伴关系等有了一定的认知、评价和态度。而他们进行自我认知的方式很大程度上源于周围人的反馈，尤其是老师、父母和同伴的反馈。这些人的反馈如镜子一般帮助幼儿勾画出“我的性格如何”“我擅长什么”“我会交朋友吗”等关于“我是谁”的样貌。

3. 青春期的自我认知

青春期的孩子，他们会如哲学家一般质疑甚至推翻曾经自以为的样子，重新梳理成长的片段，思索“自己究竟是谁”这个终极问题。

青春期的孩子是生理和心理发展急剧变化的时期，也是童年向成年的过渡时期，在自我探索中会有五味杂陈的情绪体验，如焦灼、迷茫、暴躁、兴奋、低落。

(二)自我认知出现偏差的主要表现

幼儿自我认知偏差主要表现为自卑心理或自负心理。

1. 自卑心理

自卑是自我评价偏低所带来的,以惭愧、羞怯不安、内疚、灰心、悲观、失望等主要的情绪体验。有自卑感的人对自己的能力、性格或行为表现等感到不满意,对自我存在的价值不重视,对自己想做的事情缺乏信心,对应付环境中提出的要求比较悲观,容易否定自己。严重的甚至会脱离现实,造成适应困难,阻碍人格的健康发展。自卑的人并不一定表现为能力差,相反是由于自己期望过高,不切实际,因此必然容易导致失败。

这类幼儿对自己缺乏信心,总觉得自己低人一等,畏首畏尾,总是"弯着腰"过日子,常常有自卑感。有这种表现的儿童自我意识差,认知也片面,"只见树木,不见森林",只要有一方面不如人,就认为自己什么都不行。有这种心理的幼儿情感脆弱、多愁善感、忧郁孤僻,常常自惭形秽,感到别人瞧不起自己,又特别害怕别人伤害自己,因而事事回避,处处退缩,不敢抛头露面。

2. 自负心理

与自卑心理相反的是自负心理。自负指的是幼儿骄傲自大,目中无人,有自负心理的孩子自恃聪明,对老师、同伴不屑一顾,不可一世,骄傲自大,认为自己无所不能,通常"吹牛皮",说大话,失败之后怨天尤人。在自负的幼儿眼中,他们自己在某一方面是特别优秀的,甚至还有幼儿认为自己是"无所不能"的,其实这些都属于没有正确的自我认知的表现。错误的偏差会导致幼儿对自身产生误判,当能力跟不上自信时,就会成为阻碍自身发展的"绊脚石"。

(三)幼儿自我认知出现偏差的原因

1. 生理原因

幼儿的自我认知与气质类型息息相关。从心理学上来说,所有的幼儿都具有自己独特的气质,并通过他的总体运动程度和个性特点体现出来。

2. 家庭原因

在原生家庭中,幼儿的成长经历以及家庭氛围、父母养育方式都对其如何认识自己,看待别人、世界产生至关重要的影响。批评、打击、消极反馈、忽视、过度控制会导致孩子自尊心受损。当孩子出现错误行为时,父母没有正确的引导教育,而是一味地埋怨、批评或者一味地纵容孩子,都会影响孩子的自我认知。

3. 社交环境

进入幼儿园后,幼儿园的人际环境对幼儿也有一定的影响,小班刚入园的幼儿是通过观察、模仿老师和同伴的方式来学习,所以作为教师不仅要以身作则,注意自己的言行举止,还要关注每一位幼儿的发展,发现问题不纵容,用正确的方法引导幼儿。

剧本介绍

【基本信息】

单位:郑州市金水区第三幼儿园

主题:父母的期待和过度“鼓励”导致孩子对自己不自信

适用年级:学前

编导老师:刘金金 徐文逸 王高锐 李杏歌

演出人员:王子赫 毛一帆 胡熠程 李昶惠 王嘉怡

【辅导目标】

1. 幼儿对自我的认同。

2. 父母对子女表现的合理引导和期望。

【人物介绍】

安安的性格比较稳重,稍微内向,孩子家中有姐姐,各方面能力很强,学习好、会弹琴。安安经常被拿来与姐姐比较,这使得安安更加沉默寡言,游戏时不想玩、不爱说话,最常说的一句就是:“我没准备好”。老师懂得尊重孩子,蹲下来和孩子一起成长,给予他及时的帮助和引导,安安最终成为一个敢于说话、笑容灿烂的孩子。

【剧本简介】

全剧共分为四个场景：第一场《小小邮递员》讲的是安安小朋友在餐前游戏时，因为很积极地参与游戏而被小朋友选择成为邮递员，但拿到话筒的他却不敢上前去。第二场《我不想讲故事》讲的是安安坐在绘本前面无表情，等了很久只说了五个字："我不想讲"。第三场《宝贝，加油》讲的是回家后妈妈给安安讲解故事，给安安加油打气，让他树立信心，并示范如何讲故事。第四场《我是小组长》在老师的引导下，在小组长的带领下，安安找到了自我价值和认同，重新树立起自信，各方面表现都有明显好转，终于在升旗的时候被评为小星星。剧中共有5个人物，其中安安是本剧的男一号。

【教师解读】

父母过度的关注和的引导，会变成阻碍孩子成长的天花板。有的父母很重视孩子每一次的锻炼或者机会，用详细的计划督促孩子练习，具体到每个动作、眼神、呼吸等，随着孩子年龄的增长，他们对自己的认同感越来越低。剧中的安安原本性格稳重，稍微有一些内向，做事情很专注、很细心，但家中姐姐各方面表现都很优秀，父母无形中在孩子之间进行了横向的比较，这使得安安更加沉默寡言，游戏的时候不想玩、不爱说话，遇到问题最常说的就是"我没准备好"。针对这种情况，老师采取了交流法、沙盘疗法以及绘画法，及时关注孩子的变化，并与家长沟通，实现家园共育。

在老师、小朋友、家长的共同努力下，安安重新认识了自己，找回了属于自己的自信。其实，父母给孩子的引导和帮助，出发点都是为了孩子好，希望孩子越来越优秀。可是，我们以为的未必就是孩子最需要的、最能接受的，每个孩子都是独特的个体，我们要尊重他们的个体差异，理解孩子的需求和焦虑，才能够使孩子在健康、自信的环境中更全面地成长！

第一幕　小小邮递员

【场景】教室里

【旁白】餐前游戏时间到了，今天小朋友们自己决定来玩《小小邮递员》的游戏，由老师先来当邮递员，此次游戏传递的是"话筒"。

【背景音乐】《暖暖》（纯音乐）

老师:刚刚小朋友们自己商量了今天我们玩《小小邮递员》的游戏,那我先来当邮递员,好了,现在我们开始游戏。丁零——

幼儿:谁呀?

老师:我是小小邮递员呀。

幼儿:你来干什么呀?

老师:我来送信呀。

幼儿:哪里来的信呀?

老师:幼儿园来的信呀。

幼儿:需要送给谁呀?

老师:送给穿绿色衣服的小朋友。

(甜心是穿绿色衣服的小朋友,甜心开心地接过话筒,开始了下一轮的游戏。)

甜心:丁零——

幼儿:谁呀?

甜心:我是小小邮递员呀。

幼儿:你来干什么呀?

甜心:我来送信呀。

幼儿:哪里来的信呀?

甜心:幼儿园来的信呀。

幼儿:需要送给谁呀?

甜心:送给坐得端正的小朋友安安。

安安小朋友听到自己的名字,笑得很开心。甜心把话筒送给安安,安安接过话筒,低下头,迟迟不愿上前面去。最终甜心又选择了另外一个小朋友。

第二幕　我不想讲故事

【场景】家中

【道具】绘本,餐桌

【旁白】班上开始餐前讲故事活动,孩子们积极上台分享自己的故事,今天的餐前故事由安安讲述，可是安安上台后一句话也没有说。下午放学妈妈询问安安今天讲故事的情况。

【背景音乐】《与你同在》

妈妈：安安，你不是最喜欢讲故事的吗？今天在班上怎么没有讲故事呀？

安安：我没有准备好。

妈妈：那我们来讲讲《小蝌蚪找妈妈》的故事吧。

安安：好。

【旁白】妈妈有感情地讲起了故事。

妈妈：看，讲故事很简单，我和爷爷听了你们班小朋友讲故事，乐乐讲的故事太短了，强强讲的故事没说清楚字，安安肯定比他们讲得都好，妈妈相信你，你是最棒的，是吗？

安安：是。

妈妈：明天给你们班小朋友讲讲《小蝌蚪找妈妈》吧，你从小都听，肯定能讲好，对吧。

安安：嗯。

妈妈：那你先给妈妈讲一遍吧！

【旁白】安安开始讲述故事，妈妈在一旁认真倾听时，不时地竖起大拇指给安安加油。

妈妈（鼓掌）：儿子你太棒了，故事讲得很完整，妈妈都听入迷了。明天也这样讲就没问题。

安安：好。

妈妈：好了，咱们洗洗睡吧。

安安：好的。

第三幕　宝贝，加油

【场景】教室

【道具】桌椅，绘本，话筒

【旁白】餐前故事时间到了，老师问：今天谁给大家讲故事呢？孩子们回答:安安。那我们安静做好,请安安给我们分享他的故事吧!

【背景音乐】《萤火虫》

安安缓慢地离开座位,边走边回头,边回头边揪裤腿,用舌头舔着嘴唇。

安安(回头):没有绘本。

老师:我帮你放到大屏幕上了,来,你可以边看边讲。

安安:点点头,没说话。

老师:走到电脑旁,准备放课件。

安安:两眼盯着屏幕,看看屏幕看看老师。

老师:没关系,你可以先介绍自己,你叫什么名字?

安安瞪着眼睛看,不说话。

老师:你是4号,叫?

安安(小声,歪着头):安安。

老师:嗯,请你讲这个故事吧!

(安安左右大拇指和食指中指在肚脐的位置来回搓衣服,眨着眼睛)

安安:我还没准备好。

老师:没关系,你可以先告诉大家你今天讲的故事是什么名字?

安安迟疑了一下,还没等安安说出来,其他小朋友一起大声地说《小蝌蚪找妈妈》。甚至有的孩子已经开始讲了起来,我听过,我也会讲,我妈妈给我讲过这个故事……

第四幕　我是小组长

【场景】教室

【道路】桌椅,胸牌

【旁白】孩子们自我管理和参与班级事务的意识逐渐增长,我要当小组长,我要当卫生委员负责帮助大家打扫我们教室。看着孩子们积极的势头,我决定借助此机会引导安安。

【背景音乐】《卡农》

老师:孩子们每个人都是我们班级的小主人,对吗?

幼儿:是。

老师:今天早饭有一位小朋友虽然自己不是值日生但他却默默值日,主动打扫桌子。我们要不要先请他当大家的小组长呢?

幼儿:要,他爱劳动,爱帮忙,当然请他来啦!

老师:你们知道这个爱劳动、默默付出的孩子是我们中的谁吗?

幼儿:不知道。

老师:是我们班的安安。

幼儿(鼓掌):你真棒,安安,我喜欢你。

老师:安安,你来当小组长吧。

安安(微笑的):点了点头,好!

幼儿园教育指导

《纲要》中明确指出,幼儿园必须要把保护幼儿的生命和促进幼儿的健康放在工作的首位。树立正确的健康观念,在重视幼儿身体健康的同时,要高度重视幼儿的心理健康。孩子的健康成长除了外显的身体健康,更重要的是心理健康,心理积极、快乐充满阳光才能发挥幼儿的兴趣和聪明才智。

剧中主人翁安安,不愿在集体面前大胆自信表达,缺乏对自己的正确积极认知,对于中班的孩子此阶段幼儿园的引导尤为重要,帮助幼儿建立自信树立积极的自我认知,为同伴交往、人际交往做好充分的准备。

(一)教师给予更多的关注和及时的肯定

自我认识较低的幼儿,一般做事情都比较细腻,思考问题很全面,所以教师要用细致观察、及时鼓励和赞美,增加幼儿在全班面前的自信心。借助外部环境、幼儿之间的肯定和教师的细致观察促进幼儿正确认识自己,并且也可以借此机会调动幼儿交朋友的积极性,帮助幼儿选择2~3名适合的伙伴,从性格相近到性格活泼依次递进,同班的好朋友、年龄相当,在一日生活当中不仅能够互相帮助,还能够帮助幼儿建立自信。

(二)运用奖励机制调动孩子内部成长动力

运用看得见的好的行为,加强幼儿的自我认知,在公开平等的前提下,幼儿通过看得见的好行为,积极正确地认识自己。另外,奖励的规则也可以依据时间、行为完成的程度进行有梯度的提升,不断提高的要求正是幼儿能力提升的表现,同时更是幼儿建立自信的内在动力。

(三)运用集体教育环境促进幼儿全面了解心理

目前各种各样的教育资源非常丰富,比如有很多绘本就很重视幼儿情绪情感的表达与品质的培养,教师可以利用集体教育环境多为幼儿讲述一些有关情绪方面的绘本,比如《我喜欢自己》《胆小先生》《我也能做到》。利用集体环境和同伴们的表达,帮助幼儿建立起内在的动力,同时也可以推荐给家长陪伴幼儿阅读心理成长类图书。在绘本故事当中让幼儿明白胆小、内向、不愿意在集体面前表达……这些是很正常的,不是一件不好意思的事情,只要明白勇敢地做出改变,大胆试一试,就会有不一样的发现,降低幼儿的心理压力,减轻家长们的期待,幼儿会成长得更好。

(四)多锻炼多动手有充分的自主权

幼儿游戏的主人是环境的创造者,作为教师和家长,我们要给予幼儿更多的机会,允许幼儿去探索。在宽松自由的环境里成长,孩子性格才会更加开朗。每一次动手、每一次探索,不仅仅会带动孩子动手能力和手部力量的提升,还能促进幼儿思维的深度发展,从而更加自信从容。

(五)及时沟通做好家园共育

不同的性格各有优势,教师要运用自己专业的知识和切实可用的方法,及时地给予家长有效的引导。剧中安安一直无法在集体中讲故事,妈妈帮助他说,"讲故事真的很简单",但当老师把妈妈请到幼儿园讲故事的时候,妈妈对讲故事有了新的、具体的认识。换位思考,蹲下来和孩子一起成长,倾听孩子的声音,走进孩子的世界,才能给予孩子需要的关爱,所以教师一定要做好家园共育,有爱、科学的教育方法、教育理念,同家长形成教育合力,帮助每位孩子健康自由快乐地成长!

家庭教育指导

美国著名的心理学教授塞德兹曾经说过,人如同陶瓷器一样,小时候就形成了一生的雏形,幼儿时期就好比制造陶瓷器的黏土,给予什么样的教育就会成为什么样的雏形。而父母是孩子的第一任老师,家庭是孩子的第一任学校,在这个阶段如果能够对幼儿进行正确地教育和引导,孩子将会形成健康的个性和人格，针对安安的情况将会进行以下指导。

（一）营造一个充满关爱、尊重和支持的家庭环境

对于二孩儿家庭来说，对两个孩子的关注和肯定是很难保持平衡的，安安是家中的第二个孩子，有一个优秀的姐姐，在家中父母对姐姐的夸奖让安安变得越来越不自信，不敢大胆地表达自己的所思所想。所以应该在家中给两个孩子平等表达的机会，让孩子明白每个人都是不一样的个体，姐姐和安安，妈妈都很喜欢，当孩子不愿意、不好意思表达时可以一起和孩子进行表达，从行动中让安安感受到家人满满的爱和肯定。在家庭中要注重和孩子的沟通，通过沟通来了解孩子内心真实的想法和感受，帮助孩子更好地认识自己，每天睡前进行谈话，回顾孩子的一天，一起走进孩子、了解孩子。

（二）提供给孩子真实的反馈

在进行餐前故事的分享中可以看出，安安在家的时候是有提前准备的，对这个故事非常熟悉，但是在进行分享时却不敢说出口。那么在进行分享之前家长可以带着孩子进行模拟分享，并在分享时给孩子正面的反馈，善于发现孩子的优点，让孩子感受到分享的快乐，感受到自己是最棒的，做得很好，以此来培养孩子的自信心。孩子最想得到的是父母的认可，可以给孩子一个拥抱、一句话，或者一个手势，让孩子深切感受到家长的认可。

（三）鼓励幼儿多参加集体活动

集体活动是培养幼儿正确自我认知的重要途径之一，在集体活动中幼儿可以通过和他人的互动更加了解自己。家长可以带孩子和同龄幼儿多多相处。安安在幼儿园里得到班级里所有小朋友的鼓励和帮助，让安安能够快速地融入集体生活，并大胆地进行分享，对安安来说，这次经历会给他满满的成就感，并使其能够变得自信勇敢。对于安安来说，教师和其他小朋友就像是力量的源泉，让他慢慢地对自己有了更加清晰的认识。作为家长，要在每次教育活动后进行积极的反馈，帮助幼儿梳理自己的进步和变化。

附　针对中班幼儿社会性发展示例如图2-1至图2-4所示。

图 2-1　心理剧《我的模样》排练照片

图 2-2　心理剧《我能行》排练照片

图 2-3　心理剧《我生气了——非常非常生气》排练照片

图 2-4　心理剧《你是最棒的》排练照片

第三章

大班幼小衔接：儿童心理剧与家园共育

幼小衔接是幼儿园和小学两个阶段平稳过渡的教育过程，也是儿童成长过程中的一个重大转折。2021 年 3 月，教育部发布《关于大力推进幼儿园与小学科学衔接的指导意见》，如何做好幼小衔接工作成为幼儿园、家长尤为关心的热点问题。这一问题到了幼儿园大班更为突出，不少家长担心孩子上小学会出现学习跟不上的情况，尤其是公办幼儿园的家长，认为公办幼儿园注重孩子能力习惯的培养，以游戏为基本活动，似乎“什么也不学”，有的家长焦虑到退园，选择去上幼小衔接班、学前班，为孩子做好抢跑的准备。

成人的一系列情绪会在无形中影响着孩子，使他们也对小学产生焦虑、恐惧的情绪。如在一次大班沙盘游戏活动中，我们邀请孩子选择“两个喜欢的沙具”和“两个不喜欢的沙具”，佳佳小朋友挑选的喜欢的沙具有孙悟空、唐僧，不喜欢的沙具有小学、消防站。我问孩子：“你为什么喜欢孙悟空？”她告诉我，孙悟空很厉害，会七十二变，会打妖怪；我又问她：“那为什么喜欢唐僧？”她说唐僧能去西天取经。接着我又指着学校和消防站问：“佳佳，园长妈妈很好奇，你为什么不喜欢学校和消防站？你愿意跟园长妈妈说一说吗？”她点点头，腼腆地说：“我不喜欢学校，因为我不想上小学。”我好奇地问：“为什么呢？”她说：“小学要写作业，作业写不完老师会吵，爸爸妈妈也会吵。小学还要考试，考试不好爸爸妈妈会吵的。”我说：“你怎么知道的？”她抬着头，很认真地看着我说：“我姐姐就是这样啊！”我接着问她：“那你跟园长妈妈聊聊，你为什么不喜欢消防站？”她说：“消防站很吓人，消防员很勇敢，但是会受伤，会死人的。”这段对话，让我们真切感受到孩子上小学前的内在压力和焦虑，同时也看到，孩子喜欢有力量的孙悟空和心中有目标且有毅力的唐僧，渴望自己拥有强大的力量。而这两者之间的形象是有矛盾冲突的，因此孩子很无助。

为了了解该现象是否具有普遍性，我们当即在大班开展了“小学一年级的生活”调查活动，其中有一个问题是：“进入小学，你最担心的是什么？”结果显示，80% 的孩子担心写不完作业被老师批评、被爸爸妈妈吵。面对孩子们充满忧愁的脸庞，我们充分意识到这一问题的严峻性。

第一节 面向幼儿、教师、家长的系列调研

基于此，我们面向幼儿、教师、家长开展了一系列调研工作。整体采用访谈、问卷调查和数据分析的方式推进研究，以在园大班幼儿、幼儿园教师、在园幼儿家长、退园幼儿家长及六年级优秀学生家长为调查对象。首先通过对在园幼儿及幼儿教师进行幼小衔接相关问题的访谈，获得幼小衔接现状的事实材料，其次，对不同家长进行问卷调查和数据分析，获得当前幼小衔接现状的客观数据，最后对收集到的数据和访谈进行整理分析，深入了解这三类人群对于幼小衔接的认识，以期寻求解决的路径。

一、面向幼儿的主题访谈及分析

首先，我们基于儿童视角，选取十多位教师，采用随机抽取的方式针对100名大班幼儿进行了一对一主题访谈，部分访谈记录如下：

访谈一：

访谈教师姓名：周晶晶

访谈内容情况记录：

教师：你觉得小学是什么样的地方？你对上小学有什么期待或担心吗？

幼儿1：小学的操场很广阔，小学的桌子都是一人一个，小一些；担心小学考不了满分。

幼儿2：感觉小学很大；期待上小学，因为我喜欢数学课，我对小学没有什么担心的。

教师：在幼儿园里，你最喜欢的学习活动是什么？你觉得上小学后，学习会有什么不同？

幼儿3：我喜欢幼儿园的AI课和美术课；上课时间不一样，比幼儿园长一些，桌子椅子不同，一个桌子只能坐一个人或者两个人，而且小学的椅子

没有靠背，只能立着身体，不能靠着休息；还有一些游戏活动会减少，只有课间活动才能游戏一会儿。

幼儿4：喜欢幼儿园的美术课；我感觉上小学以后学习的时间会变长。

教师：你在幼儿园里有很多好朋友吗？你觉得怎样才能在小学里交到更多朋友？

幼儿5：有很多好朋友；交朋友的时候我会主动说："我们一起玩吧，交个朋友吧。"

幼儿6：是的，有很多好朋友；到小学交朋友会主动说："我们可以一起玩吗？"

教师：小学的作息时间和幼儿园有什么不同？你能按时起床、睡觉吗？

幼儿7：小学要按时完成作业，没人单独一个桌，要早睡还要早起，不能迟到；我能按时起床睡觉。

幼儿8：幼儿早上要八点到幼儿园，在幼儿园可以吃加餐，和小朋友一起玩，一天三顿饭，时间比较自由；小学没有加餐，时间比较紧。我能按时起床睡觉，但需要适应一下才可以。

教师：你会自己整理书包、穿衣服吗？在小学里，你需要更独立地照顾自己哟。

幼儿9：会！放学要整理好书包，不能丢三落四，早上去的时候也要把东西都准备好。

幼儿10：会！书包乱了要及时整理，整理好笔什么的，这样就不会在上课的时候找不到了。

访谈二：

访谈教师姓名：周诗文

访谈内容情况记录：

教师：在小学你会看到一个全新的校园，你觉得里边会有什么？

幼儿1：很精彩的，有单杠，秋千。教室里可能会有桌椅和黑板。

幼儿2：有床，还有本儿。

幼儿3：黑板、操场、写字的粉笔。

幼儿4：有大课间。

幼儿5：没了解过，不太清楚。

幼儿6：操场、教室。

幼儿7：很多丰富的器械。

幼儿8：运动器材、很高大的楼。

幼儿9：足球场。

幼儿10：高大的楼。

教师：你知道小学都要学习哪些内容吗？

幼儿1：学加减法和算术、语文、英语、数学。

幼儿2：语文、学拼音。

幼儿3：拼音、汉字、认字、看字的笔画。

幼儿4：英语、化学。

幼儿5：语文、数学、英语、画画。

幼儿6：数学，学一些更难的知识，就像“借数”，或者是物理。

幼儿7：语文、数学、道德与法治、作文、英语、体育、美术。

幼儿8：数学。

幼儿9：英语、汉字。

幼儿10：拼音、足球课。

教师：你知道小学生是怎么上课的吗？和幼儿园有什么不一样？

幼儿1：小学上课不一样的是，到点了必须上课。幼儿园上课的时候会等。

幼儿2：自己一张桌子，不能跟同学讲话，也不能吃东西。幼儿园上课的时候有很多小朋友在一张桌子上，幼儿园管早午晚饭而小学只管午饭。小学严格很多。

幼儿3：一个人一张桌子，凳子没有靠背。

幼儿4：像书法课一样。

幼儿5：小学上学需要40分钟，大班需要30分钟。

幼儿6：一个小桌子，空间会更大，前边会有一个大黑板，大黑板上有推拉的，椅子没有靠背，桌子只能坐两个人，人也更多，40分钟一节课。

幼儿7：单独一个桌子椅子。

幼儿8:坐端正,手放腿上,黑板不一样。

幼儿9:坐端正,小学椅子不一样,没有靠背。

幼儿10:坐端正,桌子不一样,幼儿园是六个人一组。

教师:你知道小学生上课时不能随意离开座位吗?你能否做到?

10名幼儿都说不能离开,个别幼儿还说了原因,例如,如果随便离开座位,不管爸爸妈妈在哪儿老师都要把他(她)叫来。

教师:上课没有听懂的地方,你会怎么办?

有6名幼儿都说可以问老师,例如,下课问老师,再让老师讲一遍;回家如果不知道,可以第二天问老师。有3名幼儿说到下次仔细听,课间休息的时候补。只有1名孩子说不知道,应该可以问老师,写完作业问。

教师:你知道昨天老师布置的任务有哪些吗?你感觉自己完成得怎么样?

幼儿1:穿园服,还有找字儿,“笔”和“竖”这两个字。但是我没有完成,因为下周升国旗一直在家里练主持词。

幼儿2:我没完成,因为妈妈在辅导姐姐做作业,没空。

幼儿3:练习《快乐的圈圈》,我完成了。

幼儿4:《快乐的圈圈》。

幼儿5:没有。

幼儿6:没有。

幼儿7:《快乐的圈圈》、预防食物中毒。

幼儿8:不知道。

幼儿9:早就忘了。昨天的事情不记得。

幼儿10:没有。

教师:你知道小学都有哪些游戏活动吗?你对哪些活动感兴趣?

幼儿1:双杠、单杠。

幼儿2:不知道。

幼儿3:篮球、跳绳吧。我喜欢跳绳。

幼儿4:我也喜欢跳绳。

幼儿5:跳绳、打篮球,大课间可以做。我喜欢跳绳。

幼儿6：大课间可以玩跳绳、拔河什么的，我喜欢跳大绳、拔河。

幼儿7：可以大课间在平板上看老奶奶跑酷，锻炼身体。

幼儿8：跳绳。

幼儿9：跳绳比赛，我喜欢玩挖宝藏。

幼儿10：跑步比赛。

教师：你觉得小学老师是什么样的？你觉得老师会给你哪些帮助？

幼儿1：犯错的时候会被批评，表现好的时候会被表扬，课间休息的时候可以请老师帮忙讲作业。

幼儿2：有点严厉，没听懂的时候可以再问一问老师，跟小朋友发生矛盾的时候也可以找老师。

幼儿3：我觉得小学老师比较凶猛，不像大班老师会原谅我们好几次。老师非常喜欢你的时候就会答应你的要求。

幼儿4：不知道。下课的时候。

幼儿5：不知道。遇到问题的时候。

幼儿6：不知道。题实在做不出来的时候。

幼儿7：有的老师会很严厉，但是我姐姐的常老师不狠，有问题会帮助她。

幼儿8：想不出来，肚子疼的时候可以找老师帮助。

幼儿9：想不出来。

幼儿10：我也不知道，想吐的时候。

教师：你在幼儿园有哪些好朋友？你喜欢和别人一起玩吗？

幼儿1：2个。

幼儿2：3个。

幼儿3：12个。

幼儿4：太多了有点记不住。

幼儿5：很多个。

幼儿6：4个，喜欢。

幼儿7：全都是朋友。

幼儿8：2个。

幼儿 9:2 个。

幼儿 10:全是好朋友。

教师:上小学后,你会有新的同学,你会和他们主动说话吗?你会怎样和他们交朋友?

幼儿 1:会,我们一起玩吧。

幼儿 2:当然会,我们一起玩。

幼儿 3:我会说咱俩可以一块玩吗?

幼儿 4:会,咱俩可以当好朋友吗?如果她说可以,就一起玩。

幼儿 5:会,我们能一起去跳绳吗?

幼儿 6:暂时不知道。

幼儿 7:有时候可能会吧。

幼儿 8:会,我们交个朋友吧。

幼儿 9:会。

幼儿 10:我也不知道。

教师:你识字吗?都认识什么字?

幼儿 1:90 个吧。

幼儿 2:10 个。

幼儿 3:500 多个。

幼儿 4:认识。

幼儿 5:认识,不清楚,山、田、口、石、五、二、一。

幼儿 6:还行,不知道具体几个。

幼儿 7:很多。

幼儿 8:认识一些,大概 100 多个吧。

幼儿 9:只认识五六个。

幼儿 10:认识很多个,不知道几百个。

教师:会书写自己的名字吗?

10 名幼儿中,9 名幼儿会写自己名字。

教师:你会算 10 以内的加减法吗?

10 名幼儿中,9 名幼儿会 10 以内的加减法,1 名会 100 以内的加减法。

教师:你每天几点起床?是自己起床还是家长喊?

幼儿1:不知道几点,自然醒。

幼儿2:我也是自己起来。

幼儿3:7点,妈妈喊我,如果不喊我,我会一直睡。

幼儿4:不知道,妈妈喊我。

幼儿5:不知道几点起来,自己会起来。

幼儿6:有时4点(时间概念不太清楚),闹铃喊我。

幼儿7:一般都是7点半或者7点,但是昨天6点多就起来了,因为做了噩梦。

幼儿8:自己起来。

幼儿9:妈妈叫我。

幼儿10:自己起来。

教师:你喜欢什么运动?一分钟能跳绳多少下?

幼儿1:跳绳、跑步,20多个吧。

幼儿2:跳绳,大概60个。

幼儿3:跳绳,几十个。

幼儿4:跑步。

幼儿5:110个,而且不断。

幼儿6:110个。

幼儿7:138个。

幼儿8:忘记了。

幼儿9:跳绳。忘记自己能跳几个。

幼儿10:没有回答。

教师:每天早上洗漱需要爸爸妈妈帮你吗?衣服是自己穿还是家长帮你?

10名幼儿中,8名幼儿回答自己穿,2名需要妈妈帮助。

教师:你期待上小学吗?为什么?

10名幼儿都表示期待上小学,因为小学还有好的事发生。具体原因有:小学的本领会比大班多,感觉运动也很有意思,能交到很多新朋友、有新老师和新同学,有一些不知道的东西,但是只想上姐姐的小学。

教师:即将步入小学生活,你最担心的问题是什么?

10 名幼儿中,9 名都有不同的担心,如,担心上课听不懂、担心和同学发生矛盾、担心很想老师、担心和好朋友分不到一个小学、担心做得不好被批评、考试考不好或者题答不对、担心迟到等。

教师:你有什么好的办法可以解决这些担心吗?

幼儿有自己的方式来解决担心,如上课要更加仔细听、要好好跟朋友玩、有礼貌、可以用妈妈手机跟老师打视频、在幼儿园和好朋友多玩玩、不做老师不允许的事情、学习认真点、早点起来定个闹钟等。

访谈三:

访谈教师姓名:张雨

访谈内容情况记录:

教师:你希望小学的老师是什么样的?你觉得老师在小学里会对你有什么帮助?

幼儿 1:希望老师既亲切又有趣,像大朋友一样相处。

幼儿 2:老师可以帮助学习知识,教做人道理,发现优点和潜力,鼓励做更好的自己。

教师:你有什么特别喜欢的兴趣爱好吗?在小学里,你可以参加更多的兴趣活动哦。

幼儿 3:喜欢画画和听故事。

幼儿 4:希望在小学参加绘画班和故事社团。

教师:你未来的目标或梦想是什么?上小学对实现这些目标有什么帮助?

幼儿 5:梦想成为科学家。

幼儿 6:上小学可以学习科学知识,参加科学实验和活动,结交新朋友,一起努力实现梦想。

教师:到了新的学校和班级,你会怎么适应新环境?

幼儿 7:了解学校布局和规则,主动和同学打招呼,一起玩耍。

幼儿 8:遇到困难向老师求助。

教师:在幼小衔接的过程中,你觉得爸爸妈妈可以怎样帮助你?

幼儿9:陪读绘本,带去小学参观,一起做学习计划。

访谈四:

访谈教师姓名:刘金金

访谈内容情况记录:

教师:你心目中的小学是什么样子的?

幼儿1:我心目中的小学应该是非常严格的,比大班严格得多,而且我觉得有好多好多的课,比如说数学、语文、英语、跳绳、篮球等。

幼儿2:我觉得小学应该有好多的作业,不像大班一样非常轻松,没有作业。

幼儿3:我心目中的小学桌子、椅子都是一个人,一个小组的,不是幼儿园这种有一个桌子,好多人。可能应该有不同的学生。还有上课的老师。

幼儿4:我觉得小学玩的是那种运动的,比如说跑步,游泳。就是严格要求的。

幼儿5:我觉得是很严格的。这会让我们学到更多的知识,养成独立自主的习惯。

幼儿6:表现不好,会出去罚站或者抄写作业。

幼儿7:我觉得小学是严格的啊。能够让我们学习更好。小学可以学到更多的知识。

幼儿8:小学严格,小学里面都没有玩具,又不能出去玩,不像我们幼儿园。除了中间下课喝水和上厕所可以下去玩一会儿,其他时间都不能下去,可以玩游戏什么的,不过就是没玩具。

幼儿9:是很严格的,老师不是温柔的,小学是很漂亮的,像我们的一楼大厅这么漂亮,会教一些乐器,让看书、画画。

幼儿10:我想象中的小学,左边是初中,右边是小学,我觉得小学会有很多好朋友。我觉得小学应该有一个操场,上面有跑道,然后我们每一个学生在跑道上跑。

幼儿11:我心目中的小学应该是很大的,里面有篮球场、班里有很多我不认识的小朋友。我觉得小学应该有好多的作业,放学就不能玩了。

幼儿 12:我觉得是有很多人的,我姐姐说她们班就有 50 多人,我们班才 30 人。

幼儿 13:小学老师很厉害,不能迟到,不然会受罚。

教师:你准备上哪一个小学?

幼儿 1:我喜欢我家普罗旺世对面的那个学校,我妈妈告诉我的,比较好。她说,有时候饭不好吃,还可以从对面送过来。

幼儿 2:我妈妈说龙门实验好,是因为那个操场很宽阔,比较大。

幼儿 3:9 月份的时候,我就要搬家和姐姐住了,是因为姐姐她学习比较好,成了学霸,所以我要跟她一块儿上学,也当学霸。

幼儿 4:我想选择一个非常温柔的一个小学,去那个龙门小学。以前姐姐上小学,一直到上初中之前都在那里,妈妈说那里挺好的。

幼儿 5:上那个新开的龙门。

幼儿 6:文三小学。

幼儿 7:丰庆路小学。

幼儿 8:丽水外国语学校。

幼儿 9:上清华小学,觉得清华小学可以学到更多的知识啊。

幼儿 10:我家离四月天很近,应该会去四月天。

幼儿 11:我妈妈让我跟她一起,她们那里的学校还能睡觉,有床,可以折叠。

教师:你觉得小学与我们的幼儿园有哪些一样和不一样的地方?

第一组幼儿

幼儿 1:学习桌不一样,小学是正方形的,他们是一个人有一个课桌。

幼儿 2:我们幼儿园的学校是一个小学校。小学的学校是一个大学校。

幼儿 3:上课是在画板上画的,然后我们是在电脑上看的。

幼儿 4:班级名称不一样,我哥哥的班级是六三班的,我们幼儿园是大一班的。

幼儿 5:我们睡觉睡在床上,他们睡觉趴在桌子上。

幼儿 6:就是小学的要求比大班要求严格。大班没有作业,小学的作业会多一点。

幼儿7：我觉得应该朋友比较多啊，会有很多，比大班的好朋友多。

幼儿8：我觉得你要是做不好的话，老师会批评你，而且你爸爸妈妈在哪，比如说在洛阳，他都会把你爸爸妈妈叫过来啊，幼儿园不会。

幼儿9：幼儿园会原谅我们两三次，小学的老师一次都不能原谅。

幼儿10：你要是小学当三好学生的话，老师就不会批评你，而且你还觉得很放松。

第二组幼儿

幼儿1：老师比较凶，反正我没见过小学温柔的老师。

幼儿2：小学的那种桌子是自己的桌子，自己一人一个小桌子，而且那些椅子不像我们这个椅子，还可以靠靠，小学是没有那种靠的。而且到中午的时候，还不能上床躺着睡，只能趴桌子上睡一个小时。

幼儿3：都有老师，而且我觉得小学的班级，跟幼儿园差不多。

幼儿4：应该上课的时间不一样，小学大概都是两三节课，每节课都是40分钟，幼儿园的每节课都是30分钟。

幼儿5：要是一年级，你要是想上厕所的话，你实在憋不住了，会让你去，你还能憋住，老师就不让你去。幼儿园是想去就去，不想去就不去啊。

幼儿6：幼儿园和小学的课间都是5分钟或者10分钟。

幼儿7：应该小学也有那种书啊，也有很多绘本书，而且呢，上面会有拼音。

幼儿8：我觉得那种运动跟幼儿园的也差不多，比如说篮球，我们学校也有跳绳，小学也有，我觉得还会自由活动。

幼儿9：就是都会画画。老师都是2个老师。

幼儿10：中午只吃一顿饭，教室是一样的地方，我们幼儿园吃三顿饭。

第三组幼儿

幼儿1：都学新知识，都讲分合，都有植物。

幼儿2：都有奖状。

幼儿3：不一样的是有作业，中午只吃一顿饭。

幼儿4：幼儿园有玩的，小学没有玩的。

幼儿5：小学要求严格。小学带的物品有书包。

幼儿6:小学没有餐车,小学吃饭是自己打的。

幼儿7:我觉得都有班级。我觉得小学一样有床。还有跑步,有一样的操场。会有剪纸。

幼儿8:不一样的操场。小学的操场有一圈,有很大的一个跑道,我们幼儿园的操场只有一个小跑道。

幼儿9:小学的门是大的,有两个,我们幼儿园只有一个。

幼儿10:厕所不一样,我们幼儿园的厕所是这样的,然后小学的厕所,我也不知道是啥样子的。

第四组幼儿

幼儿1:小学要天天上课,然后如果想出去玩的话,就是踢足球之类的。

幼儿2:我们幼儿园里是一次可以坐6个人,一个桌子,可是小学,我觉得应该是2个人坐一个桌子。

幼儿3:小学和幼儿园都有老师。

幼儿4:我想到小学跟幼儿园操场一样。

幼儿5:小学里面也有睡觉的地方。

幼儿6:幼儿园里有玩的,可是小学没有玩的。

幼儿7:小学里没有玩具了,上课还得坐可长可长时间。小学老师听说都很厉害。一样的地方就是下课还能自己去找朋友玩,小学上课有桌子,都得坐在桌子旁边。

幼儿8:幼儿园可以玩,小学不能玩。在小学,中午可以回家吃饭,能回家歇一会儿。

教师:进入小学以后,你准备如何做一名小学生?

第一组幼儿

幼儿1:多交朋友,对他们温柔一点,要不朋友都不理。

幼儿2:我准备上课的时候呢,提前上厕所,作业要做好。

幼儿3:我觉得要对自己严格要求,还有当三好学生或者五好学生。

幼儿4:当学霸很难,当学渣很容易啊。

幼儿5:好好学习,不能打小朋友,不要小聪明。

幼儿6:好好学习,中间下课,喝完水上完厕所就来教室复习,不能晚上熬夜不睡觉。

幼儿7:和小朋友友好相处啊,不玩游戏,还有多休息,看电视。

幼儿8:我会想做一个坐得端正的小学生。

幼儿9:交朋友,帮助朋友。

幼儿10:和好朋友一起上学。刚开始第一次去上一年级,必须得让爸爸妈妈先把你送过去,然后呢,慢慢过几天,我们就自己去。

第二组幼儿

幼儿1:我们上课时,老师说话的时候不插嘴。

幼儿2:老师说话的时候不讲话,小学有很多事情,你要吃饭,游戏,喝水,放学离开。

幼儿3:有课间活动,课间10分钟,运动上课。

幼儿4:我会在小学的时候上体育课,我陪我朋友一起跑步。

幼儿5:我上小学的时候,我会晚上回家写作业,还等妈妈回来,我让她给我检查。

幼儿6:上小学,跟朋友一起放学。

幼儿7:我不看漫画书,上课的时候不玩不跑,认真学习。

幼儿8:要好好睡,不晚睡。让眼睛好好休息,早起。

幼儿9:如果我是一名小学生的话,我要自己盛饭。

幼儿10:有课间活动,课间10分钟,运动上课。

第三组幼儿

幼儿1:我上体育课,我陪我朋友一起跑步。

幼儿2:如果我是一名小学生的话,我要自己盛饭,交好朋友,好好写作业,听讲。

幼儿3:上课要认真听,不然就啥也不知道。

幼儿4:我也不知道。

幼儿5:我要买个闹钟不能迟到。

访谈五:

访谈教师姓名:×××

访谈内容情况记录:

教师:在幼儿园你学会了哪些获得知识和解决问题的方法?

幼儿1:学到了老师教的歌曲。

幼儿2:吃完饭一定要整理自己位置。

幼儿3:上课要举手回答问题。

幼儿4:自己叠被子、整理自己的跳绳。

教师:面临还有几个月就要到来的小学生活,你的心情是怎么样的?

幼儿5:心情不好,我也不知道为什么。

幼儿6:激动。想去小学交朋友。

教师:你想上小学吗?你对上小学有什么期待吗?

幼儿7:也想、也不想,大部分想。作业太多,天天写到八九点没时间玩。

教师:你觉得进入小学会遇到什么困难?遇到困难你会如何解决?

幼儿8:作业太多。考试很难考到100分,如果考到99分的话我妈肯定揍我。

通过访谈我们了解到,孩子们对于上小学具有较强的期待,希望自己通过小学交到更多好朋友、学到更厉害的本领;同时,在能力方面,不少孩子具备较好的生活习惯、自理能力以及知识能力储备较强,对小学的校园、学习、生活也有一定的了解。但是,多数幼儿对小学后的学习与生活具有一定的担心,如,担心上课听不懂、担心和同学发生矛盾、担心跟幼儿园老师分开了会很想老师、担心和幼儿园的好朋友分不到一个小学、担心做得不好被老师或家长批评、担心考试考不好或者题答不对、担心迟到等等,从而产生焦虑的情绪。面对这些担心,孩子们也想出了自己的解决办法,如,上课要更加仔细听、要好好跟朋友玩、有礼貌、想老师时可以用妈妈手机跟老师打视频、珍惜和幼儿园好朋友相处的时间、不做老师不允许的事情、学习认真点、早上定个闹钟督促自己早起等。

二、面向教师的主题访谈及分析

针对幼儿的访谈结果,我们又面向集团68名教师进行了有关幼小衔接的访谈,分别从幼儿园课程建设、幼儿学习习惯、教师支持、家园共育四个方面了解教师在教育实践过程中遇到的困惑和问题。

(一)幼儿园课程建设方面

(1)小班如何把古诗列入幼儿课程计划,并循序渐进地开展?

(2)中大班幼儿知识储备中,除课程里的数学知识,是否可以适当补充?例如,识字量、科学记录表、统计坐标等。

(3)如何在一日生活中有效丰富幼儿的识字量?

(4)在知识学习方面,一些触及小学内容的知识是否可以教授?

(5)除了借助绘本、游戏丰富词汇量,还能通过哪种形式?

(6)如何依据文件及精神形成系统的课程?比如生活准备(小班:穿衣服、穿鞋子;中班:扣扣子;大班:系鞋带)、学习能力、专注力等。

(7)是否有符合孩子的幼小衔接课程及活动,促进幼儿全面发展并且可视,可观。

(二)生活与学习习惯方面

(1)幼儿的习惯、品质、能力怎么在小班一日生活中落实?

(2)如何评估幼儿是否已经做好幼小衔接准备?

(3)如何更好地培养幼儿的生活自理能力和学习习惯?

(4)四项准备、八大能力在教育教学中怎么落实?

(三)教师支持方面

(1)如何了解小学教育教学的实际情况,获取一年级新生适应效果反馈?

(2)在大班的幼小衔接中,能否链接小学上半学期的课程、教学方法、教学目标、往年幼儿入学状态与情况、小学一日活动状态等设置活动,适当调整一日生活安排?

(3)是否可以在课余时间教孩子背诵一些古诗词文章?内容如何选择?

(4)小班除了在自理能力、生活方面开展幼小衔接,在知识方面可以做什么?

(5)大班幼小衔接孩子需要达到哪种程度?衔接哪些具体内容?是否具有具体可实施的措施?关于四项准备,是否可以针对每个准备制定具体的计划和措施,分别落实到每月、每周实施。例如身体素质的准备:跳山羊、单脚跳、助跑跨跳等,每一周有计划地去练某一目标,融入一日生活户外活动中,是否会更具体更有方向性。

(6)不学知识,孩子到一二年级跟不上怎么办?

(7)孩子的专注力具体怎么培养?

(8)面对孩子的个体差异如何进行有针对性的幼小衔接?

(9)不同的年龄班具体要做什么样的准备?

(10)幼小衔接与小学之间的界限如何划定?

(11)如何把握好度,避免教授的知识小学化?

(四)家园共育方面

(1)幼小衔接工作不是学校及教师单方面的工作,如何利用家长资源或者活动给家长搭建平台,让家长有正确的理念和认识?

(2)如何让家长摆脱对上幼儿衔接班学知识的执念,了解并信服幼儿园的幼小衔接理念?

(3)当家长想要孩子学习算数、拼音时,教师应该如何沟通?

通过访谈了解到,幼儿园教师这一群体高度重视幼小衔接,且其幼小衔接教育观总体水平较高。具体来说,幼儿园教师作为影响入学准备教育过程及质量的关键人物与主要因素,在一系列幼小衔接政策的指引下,大多数教师群体会获得此方面有效的职前职后培训,增进了自身对不同学段幼儿发展特点、课程与教学差异的理解,认识到优质的幼小衔接能够促进幼儿性格养成、学习习惯培养以及学业成绩提升。整体幼小衔接教育观正逐渐走向理性和科学,且比其他群体获得了更多的教育与系统的专业支持。但是在实践过程中,依然存在家长焦虑干扰、缺乏具体操作方法的问题。

三、面向家长的问卷调查及分析

(一)在园大班幼儿家长问卷调查及分析

1. 金水区第三幼儿园教育集团在园大班幼小衔接问卷调查结果

为全面了解家长对幼小衔接的认识和做法,以便家庭和幼儿园形成合力,科学做好幼小衔接,帮助幼儿做好身心等各方面准备,实现从幼儿园到小学的顺利过渡,我园面向大班在园幼儿家长开展问卷调查。具体结果如表 3-1 至表 3-23 所示。

（1）幼儿所在园区？（单选题）

表 3-1　幼儿所在园区

选项	小计	比例
A 园田园区	169	55.05%
B 滨河园区	89	28.99%
C 杨槐园区	38	12.38%
D 杲村西园区	11	3.58%
本题有效填写人次	307	

（2）幼儿所在班级（秋季）？（单选题）

表 3-2　幼儿所在班级

选项	小计	比例
A 大一班	75	24.43%
B 大二班	66	21.5%
C 大三班	55	17.92%
D 大四班	56	18.24%
E 大五班	29	9.45%
F 大六班	26	8.47%
本题有效填写人次	307	

（3）您的孩子是？（单选题）

表 3-3　幼儿的性别

选项	小计	比例
男孩	165	53.75%
女孩	142	46.25%
本题有效填写人次	307	

(4)您的学历是?(单选题)

表 3-4　家长的学历

选项	小计	比例
A 初中或以下	13	4.23%
B 大专	104	33.88%
C 本科	163	53.09%
D 研究生或以上	27	8.79%
本题有效填写人次	307	

(5)您觉得“幼小衔接”工作对于幼儿的重要程度是?(单选题)

表 3-5　“幼小衔接”工作的重要性

选项	小计	比例
A 非常重要	281	91.53%
B 一般	25	8.14%
C 不重要	1	0.33%
本题有效填写人次	307	

(6)您平时有没有关注幼小衔接?(单选题)

表 3-6　幼小衔接的关注度

选项	小计	比例
A 经常关注	204	66.45%
B 偶尔关注	101	32.9%
C 没有关注	2	0.65%
本题有效填写人次	307	

(7)您对幼小衔接的态度是?(单选题)

表 3-7　家长幼小衔接工作的态度

选项	小计	比例
A 配合幼儿园和学校各项工作	276	89.9%
B 是幼儿园、小学的事情	2	0.65%
C 找幼小衔接机构	29	9.45%
D 没有考虑过	0	0%
本题有效填写人次	307	

(8)您认为幼儿园入学准备的以下四个准备中,哪个最重要?(单选题)

表 3-8　幼儿园入学的四个准备

选项	小计	比例
A 身心准备	243	79.15%
B 生活准备	8	2.61%
C 社会准备	3	0.98%
D 学习准备	53	17.26%
本题有效填写人次	307	

(9)您认为在身心准备方面,以下哪一个内容最重要?(单选题)

表 3-9　在身心准备方面最重要的内容

选项	小计	比例
A 对小学充满期待	31	10.1%
B 能保持积极、稳定的情绪,遇到困难和不开心的事情,不乱发脾气,不迁怒于他人,能主动与家长分享	270	87.95%
C 喜欢运动,能连续运动半小时以上	3	0.98%
D 精细动作协调	3	0.98%
本题有效填写人次	307	

(10)您认为在生活准备方面,以下哪一个内容最重要?(单选题)

表 3-10 在生活准备方面最重要的内容

选项	小计	比例
A 生活习惯	143	46.58%
B 生活自理能力	92	29.97%
C 安全防护意识	51	16.61%
D 劳动习惯和劳动能力	21	6.84%
本题有效填写人次	307	

(11)您认为在社会准备方面,以下哪一个内容最重要?(单选题)

表 3-11 在社会准备方面最重要的内容

选项	小计	比例
A 交往合作能力	234	76.22%
B 诚实守规	41	13.36%
C 任务意识	13	4.23%
D 集体意识	19	6.19%
本题有效填写人次	307	

(12)您认为在学习准备方面,以下哪一个内容最重要?(单选题)

表 3-12 在学习准备方面最重要的内容

选项	小计	比例
A 好奇好问	21	6.84%
B 学习习惯	181	58.96%
C 学习兴趣	91	29.64%
D 学习能力	14	4.56%
本题有效填写人次	307	

(13)您交给孩子的事情,他能主动完成吗?(单选题)

表 3-13　幼儿独立完成事情的可能性

选项	小计	比例
A 能	184	59.93%
B 不能	6	1.95%
C 有时能	117	38.11%
本题有效填写人次	307	

(14)您的孩子善于与人交往吗?(单选题)

表 3-14　您的孩子与人交往的能力

选项	小计	比例
A 善于	244	79.48%
B 不善于	63	20.52%
本题有效填写人次	307	

(15)您对拼音学习的看法是?(单选题)

表 3-15　对拼音学习的看法

选项	小计	比例
A 提前学完所有拼音能认读声母和韵母	86	28.01%
B 提前适量学一些,不必学完,以免孩子进入小学后不认真听讲	183	59.61%
C 不用提前学,小学拼音教学进度容易被孩子接受,更适合孩子的年龄特点	38	12.38%
本题有效填写人次	307	

（16）您对计算的看法是？（单选题）

表 3-16　您对计算的看法

选项	小计	比例
A. 熟练掌握 10 以内分合	130	42.35%
B. 提前学习 20 以内加减法	111	36.16%
C. 提前学习 30 以内加减法	39	12.7%
D. 提前学越多越好	27	8.79%
本题有效填写人次	307	

（17）目前您的孩子哪些表现会让您担心进入小学会出现不适应的情况？（多选题）

表 3-17　进入小学后不适应的情况

选项	小计	比例
A 不知道如何结交新朋友	84	27.36%
B 注意力不集中，约束力差	189	61.56%
C 听不懂老师说的话，胆小，不爱发言，不能完整清楚地表达自己的想法	134	43.65%
D 未能如期传达老师交代的事情	63	20.52%
E 生活自理能力弱缺少时间观念，做事拖拉	131	42.67%
F 常遗忘或遗失物品	36	11.73%
G 学习能力及知识储备不够	157	51.14%
H 其他	10	3.26%
本题有效填写人次	307	

（18）您希望孩子在园得到以下哪些方面的培养？（多选题）

表 3-18　多方面培养孩子

选项	小计	比例
A 自理能力	221	71.99%
B 学习兴趣	257	83.71%
C 学习的良好习惯	284	92.51%
D 唱歌、跳舞、画画	95	30.94%
E 数学能力	141	45.93%
F 运动能力	138	44.95%
G 关爱他人	117	38.11%
H 会整理、准备自己的物品	177	57.65%
I 会主动交朋友	173	56.35%
J 会主动表达自己的需求	211	68.73%
K 会妥善保管自己的物品	142	46.25%
L 会大胆表现自己	205	66.78%
本题有效填写人次	307	

（19）您觉得幼儿园在开展幼小衔接活动时，哪些家园共育形式是最易于接受并且最能够提升幼儿能力的？（多选题）

表 3-19　最易于接受且最能提升幼儿能力的幼小衔接活动

选项	小计	比例
A 亲子小任务	223	72.64%
B 亲子游戏	188	61.24%
C 半日开放活动	153	49.84%
D 线上互动与分享	96	31.27%
E 亲子教育指导手册	117	38.11%
本题有效填写人次	307	

(20)在家长幼小衔接工作方面,您希望获得哪些支持?(多选题)

表 3-20 家长支持幼小衔接工作的方式

选项	小计	比例
A 科学的幼小衔接内容与方法	283	92.18%
B 科学开展幼小衔接活动的指导手册	184	59.93%
C 幼儿园教师的针对性指导	221	71.99%
D 家长之间的成功经验交流	139	45.28%
本题有效填写人次	307	

(21)您希望幼儿园采取哪些方式开展面向家长的幼小衔接活动?(多选题)

表 3-21 面向家长的幼小衔接活动

选项	小计	比例
A 专家讲座	212	69.06%
B 宣传资料	170	55.37%
C 家长沙龙	120	39.09%
D 家长开放日	195	63.52%
E 其他	15	4.89%
本题有效填写人次	307	

(22)您有多少时间能参与家园合作幼小衔接工作中?(单选题)

表 3-22 参与家园合作幼小衔接工作频率

选项	小计	比例
A 每次都能参加	170	55.37%
B 平常工作没多少时间	30	9.77%
C 不忙的时候会关注	107	34.85%
本题有效填写人次	307	

(23)为了帮助幼儿适应小学生活,您在家庭教育中帮助幼儿做了哪些准备?(多选题)

表 3-23 家庭教育中帮助幼儿做的准备

选项	小计	比例
A 阅读相关书籍	253	82.41%
B 听相关教育讲座	121	39.41%
C 规范孩子作息时间	232	75.57%
D 和孩子讨论入学问题	176	57.33%
E 带着孩子跑步、跳绳等做不同的运动	137	44.63%
F 教孩子正确的坐姿和握笔姿势	200	65.15%
G 配合老师完成相关的小任务	196	63.84%
H 其他	4	1.3%
本题有效填写人次	307	

(24)对于幼小衔接,您还有哪些疑问?(多选题)

A. 大班是否开始学习拼音和数学思维?

B. 拼音不学习、数学不会,到时候上小学会不会跟不上?

C. 孩子没有上学前班,孩子进入小学后会不会跟不上,要不要提前学习小学课程?孩子是否需要上学前班过渡两个月?

D. 如何加强孩子的认字、写字能力?

E. 家长需要做些什么?

F. 为什么不能在大班教一些基础的拼音和 20 以内的加减法,让孩子提前适应和学习知识?

G. 幼小衔接和学前班的区别是什么?

H. 大班学习的内容与小学之间衔接多少?

I. 如何养成良好的学习习惯?

2. 调查结果分析

此次问卷调查面向大班年级全体家长,共收回问卷 307 张,参与率 100%。现根据家长答卷做如下分析。

(1)家长对幼小衔接的态度如表3-24所示。从表3-24可以看出,家长觉得“幼小衔接”工作对于幼儿是很重要的,说明家长们都很重视幼小衔接教育,也愿意配合幼儿园和学校开展幼小衔接各项工作,但是平时对幼小衔接的关注不够,我们可以在接下来的工作中加强宣传,让家长既重视又能时常关注。

表3-24 家长对幼小衔接的态度

题目	认同率
认为“幼小衔接”工作对于幼儿很重要	91.53%
平时关注幼小衔接	66.45%
愿意配合幼儿园和学校开展幼小衔接各项工作	89.9%

(2)家长对幼小衔接的认识。在“您认为幼儿园入学准备的以下四个准备中,哪个最重要?”一题中,79.15%的家长选择了身心准备,说明家长很重视孩子的身体和心理发展,但也说明家长对生活准备、社会准备、学习准备了解不多,还需要加强宣传,丰富家长的认识。

在四项准备的关注点调查中发现,87.95%家长选择幼儿稳定的情绪、46.58%的家长选择生活习惯、76.22%的家长选择社会交往、58.96%的家长选择学习习惯的养成,说明大部分家长对于幼小衔接的认识是比较理性的,比较重视入学前习惯的养成。

(3)幼儿现有水平如表3-25所示。

表3-25 幼儿现有水平统计

题目	认同率
幼儿能够主动完成任务	59.93%
幼儿善于与人交往	79.48%

(4)家长对知识的看法如表3-26所示。大部分家长希望孩子能够提前学习一些拼音及加减法,说明我们要继续加强家长的培训、沟通,促进家长

理念的转变。

表3-26　对知识的看法

题目	认同率
不用提前学习拼音	12.38%
熟练掌握10以内的分合	42.35%

(5)对幼儿园幼小衔接工作的认识。61.56%的家长担心孩子上小学注意力不集中,约束力差;51.14%的家长担心学习能力及知识储备不够;72.64%的家长希望以亲子小任务、亲子游戏的形式开展家园共育;92.18%的家长希望获得科学的幼小衔接内容与方法;69.06%的家长希望聆听专家的相关讲座。

以上结果表明,有的家长认为幼儿园与小学环境有差异,担心孩子适应不了新环境、注意力集中;有的家长对于幼小衔接工作不是很了解,不清楚应该做什么;还有的家长对幼小衔接有一定的了解,他们重视幼儿注意力、社会适应及学习能力的培养;家长还渴望获得专业的、科学的指导。

(6)家长的困惑。根据家长们的反馈,我们了解到家长们对"幼小衔接"的困惑。同时,也明晰了"幼小衔接"工作在家长方面的重点。

本次调查对幼儿和家长在幼小衔接工作中的现状和困惑有了更多的了解,明确了双方需要解决的问题。下面我们将进一步做好"幼小衔接"的宣传及引导工作,明确双方的主要任务并协调合作,为幼儿能顺利进入小学打好基础。

(二)幼儿转(退)园情况调查问卷调查及分析

1.金水区第三幼儿园教育集团转(退)园幼儿问卷调查结果

为深入了解幼儿园各园区幼儿离开幼儿园,转到其他教育机构的各种原因,基于园区实际情况进行了调查统计。

金水区第三幼儿园教育集团共有四个园区,分别是园田园区、滨河园区、杨槐园区、杲村西园区。其中,杲村西园区开园时间较短,未招收中大班幼儿,故暂不参与调查统计。本问卷调查对象为园田园区、滨河园区、杨槐园区转(退)园幼儿家长,共收回问卷73份。问卷调研之后,第一时间开始进行问卷分析,具体如表3-27至表3-78所示。

(1)幼儿所在的园区?(单选题)

表3-27　幼儿所在的园区

选项	小计	比例
园田园区	26	35.62%
滨河园区	33	45.21%
杨槐园区	14	19.18%
本题有效填写人次	73	

(2)幼儿曾在的班级?(单选题)

表3-28　幼儿曾在的班级

选项	小计	比例
中一班	25	34.25%
中二班	22	30.14%
中三班	6	8.22%
中四班	8	10.96%
中五班	4	5.48%
中六班	2	2.74%
其他,请注明	6	8.22%
本题有效填写人次	73	

(3)孩子的性别?(单选题)

表3-29　幼儿的性别

选项	小计	比例
男	39	53.42%
女	34	46.58%
本题有效填写人次	73	

（4）您与孩子的关系？（单选题）

表 3-30　您与孩子的关系

选项	小计	比例
父亲	10	13.7%
母亲	63	86.3%
（外）祖父母	0	0%
其他照顾者，请注明	0	0%
本题有效填写人次	73	

（5）您为孩子入学前做了哪些准备？（单选题）

表 3-31　您为孩子入学前做的准备

选项	小计	比例
无教授小学知识内容的公办幼儿园	20	27.4%
无教授小学知识内容的民办幼儿园	3	4.11%
有教授小学知识内容的幼小衔接班	20	27.4%
有教授小学知识内容的幼儿园	4	5.48%
学前班	24	32.88%
补课班	0	0%
其他，请注明	2	2.74%
本题有效填写人次	73	

（6）父亲的年龄？（单选题）

表 3-32　父亲的年龄

选项	小计	比例
24 岁及以下	0	0%
25～30 岁	8	10.96%

续表 3-32

选项	小计	比例
31 ~35 岁	28	38.36%
36 ~40 岁	23	31.51%
40 岁以上	14	19.18%
本题有效填写人次	73	

(7)母亲的年龄?(单选题)

表 3-33　母亲的年龄

选项	小计	比例
24 岁及以下	0	0%
25 ~30 岁	8	10.96%
31 ~35 岁	31	42.47%
36 ~40 岁	23	31.51%
40 岁以上	11	15.07%
本题有效填写人次	73	

(8)父亲的学历?(单选题)

表 3-34　父亲的学历

选项	小计	比例
初中及以下	1	1.37%
高中、技校、中专等	19	26.03%
大专	21	28.77%
本科	29	39.73%
研究生及以上	3	4.11%
本题有效填写人次	73	

(9)母亲的学历?(单选题)

表 3-35 母亲的学历

选项	小计	比例
初中及以下	2	2.74%
高中、技校、中专等	18	24.66%
大专	19	26.03%
本科	31	42.47%
研究生及以上	3	4.11%
本题有效填写人次	73	

(10)父亲的职业?(单选题)

表 3-36 父亲的职业

选项	小计	比例
党政机关、企事业单位负责人	8	10.96%
专业技术人员(教师、医生、编辑、工程技术等)	12	16.44%
企事业单位办事人员及有关人员	17	23.29%
商业,服务业	15	20.55%
工、农、牧、渔业者	3	4.11%
生产、运输设备操作人员及有关人员	1	1.37%
军人	1	1.37%
自由职业及其他,请注明	16	21.92%
本题有效填写人次	73	

（11）母亲的职业？（单选题）

表 3-37　母亲的职业

选项	小计	比例
党政机关、企事业单位负责人	0	0%
专业技术人员（教师、医生、编辑、工程技术等）	19	26.03%
企事业单位办事人员及有关人员	11	15.07%
商业，服务业	15	20.55%
工、农、牧、渔业者	3	4.11%
生产、运输设备操作人员及有关人员	1	1.37%
军人	0	0%
自由职业及其他，请注明	24	32.88%
本题有效填写人次	73	

（12）您的家庭月人均收入？（单选题）

表 3-38　家庭月人均收入

选项	小计	比例
2000 元以下	4	5.48%
2000～4000 元	13	17.81%
4000～6000 元	15	20.55%
6000～8000 元	18	24.66%
8000～10 000 元	8	10.96%
10 000 元以上	15	20.55%
本题有效填写人次	73	

(13)以下转(退)园的原因中,请根据选项描述和您的实际情况,选择选项。(单选题)

表3-39　实际转(退)园的原因

单位:人次

题目	选项				
	影响非常大	影响较大	影响一般	影响较小	没有影响
1. 想让孩子在入学前多进行一些知识准备	19(26.03%)	21(28.77%)	17(23.29%)	5(6.85%)	11(15.07%)
2. 您认为孩子在入学前需要去幼小衔接机构进行入学准备	18(24.66%)	20(27.4%)	17(23.29%)	6(8.22%)	12(16.44%)
3. 家中长辈(祖父母)认为有进入幼小衔接机构进行入学准备的必要	16(21.92%)	17(23.29%)	16(21.92%)	9(12.33%)	15(20.55%)
4. 担心孩子进入小学后跟不上学习进度	20(27.4%)	22(30.14%)	11(15.07%)	5(6.85%)	15(20.55%)
5. 您认为幼小衔接机构学习的内容更贴近小学	16(21.92%)	17(23.29%)	22(30.14%)	6(8.22%)	12(16.44%)
6. 您认为幼小衔接机构可以帮助孩子更好地进行作息上的衔接	16(21.92%)	22(30.14%)	17(23.29%)	6(8.22%)	12(16.44%)

续表 3–39

题目	选项				
	影响非常大	影响较大	影响一般	影响较小	没有影响
7. 周围很多人在孩子入学前送孩子去幼小衔接机构	22(30.14%)	15(20.55%)	16(21.92%)	4(5.48%)	16(21.92%)
8. 父母工作调动	9(12.33%)	7(9.59%)	12(16.44%)	9(12.33%)	36(49.32%)
9. 家庭关系变动	5(6.85%)	5(6.85%)	11(15.07%)	5(6.85%)	47(64.38%)
10. 孩子身体方面的原因	5(6.85%)	2(2.74%)	12(16.44%)	6(8.22%)	48(65.75%)
11. 父母太忙,没时间看管孩子	10(13.7%)	7(9.59%)	11(15.07%)	5(6.85%)	40(54.79%)
12. 幼儿园托费、餐费过高	1(1.37%)	5(6.85%)	10(13.7%)	7(9.59%)	50(68.49%)
13. 孩子年龄较小,没到入学年龄	5(6.85%)	6(8.22%)	14(19.18%)	6(8.22%)	42(57.53%)
14. 幼儿园课程内容不够丰富	3(4.11%)	3(4.11%)	20(27.4%)	7(9.59%)	40(54.79%)
15. 幼儿园教师幼小衔接知识缺乏	6(8.22%)	4(5.48%)	15(20.55%)	4(5.48%)	44(60.27%)
16. 幼儿园教师专业性不够高	4(5.48%)	1(1.37%)	10(13.7%)	8(10.96%)	50(68.49%)

续表 3-39

题目	选项				
	影响非常大	影响较大	影响一般	影响较小	没有影响
17. 幼儿园没有或幼小衔接活动较少	8(10.96%)	8(10.96%)	18(24.66%)	4(5.48%)	35(47.95%)
18. 幼儿园作息不能与小学很好衔接	5(6.85%)	6(8.22%)	19(26.03%)	4(5.48%)	39(53.42%)
19. 小学入学门槛较高(面试、笔试)	8(10.96%)	3(4.11%)	16(21.92%)	9(12.33%)	37(50.68%)
20. 小学入学后会有分班考试	8(10.96%)	5(6.85%)	13(17.81%)	7(9.59%)	40(54.79%)
21. 小学一年级衔接过程较短	14(19.18%)	11(15.07%)	11(15.07%)	8(10.96%)	29(39.73%)
22. 为了直升目标小学而转去其附属学前班	8(10.96%)	3(4.11%)	13(17.81%)	8(10.96%)	41(56.16%)

(14)您觉得“幼小衔接”工作对于幼儿的重要程度是?(单选题)

表 3-40　幼小衔接工作对幼儿的重要程度

选项	小计	比例
非常重要	54	73.97%
一般	18	24.66%
不重要	1	1.37%
本题有效填写人次	73	

（15）您平时有没有关注幼小衔接？（单选题）

表 3-41　有没有关注幼儿衔接

选项	小计	比例
经常关注	41	56.16%
偶尔关注	30	41.1%
没有关注	2	2.74%
本题有效填写人次	73	

（16）您对幼小衔接的态度是？（单选题）

表 3-42　对幼小衔接的态度

选项	小计	比例
配合幼儿园和学校各项工作	55	75.34%
是幼儿园、小学的事情	2	2.74%
找幼小衔接机构	15	20.55%
没有考虑过	1	1.37%
本题有效填写人次	73	

（17）您有多少时间能参与家园合作幼小衔接工作中？（单选题）

表 3-43　参与家园合作幼小衔接工作频率

选项	小计	比例
每次都能参加	41	56.16%
平常工作没多少时间	8	10.96%
不忙的时候会关注	24	32.88%
本题有效填写人次	73	

（18）您是否了解教育部在2021年颁布的《幼儿园入学准备教育指导要点》这一政策的具体内容，了解“入学准备”这一概念？（单选题）

表3-44　对“入学准备”概念的了解程度

选项	小计	比例
全面了解	10	13.7%
基本了解	37	50.68%
不太了解	24	32.88%
完全不了解	2	2.74%
本题有效填写人次	73	

（19）您是否了解教育部在2021年颁布的《中华人民共和国家庭教育促进法》的具体内容？（单选题）

表3-45　对《中华人民共和国家庭教育促进法》的了解程度

选项	小计	比例
全面了解	9	12.33%
基本了解	39	53.42%
不太了解	23	31.51%
完全不了解	2	2.74%
本题有效填写人次	73	

（20）您每天的亲子陪伴时间（不含睡眠时间）有多少？（单选题）

表3-46　亲子陪伴时间

选项	小计	比例
小于1小时	3	4.11%
1～2小时	22	30.14%
3～4小时	25	34.25%
5小时及以上	23	31.51%
本题有效填写人次	73	

(21)您对孩子的教养方式倾向于哪种?(单选题)

表 3-47　对孩子的教养方式

选项	小计	比例
对孩子较宽容,倡导民主	57	78.08%
对孩子较严格,倡导高标准	12	16.44%
平时比较忙,倡导其自由发展	4	5.48%
本题有效填写人次	73	

(22)在帮助孩子进行入学准备的过程中,您更看重哪方面的准备?(多选题)

表 3-48　在入学准备的过程中最看重哪些准备

选项	小计	比例
知识方面的准备(一般知识)	58	79.45%
语言方面的发展(言语发展)	54	73.97%
身体健康的发展	66	90.41%
学习方式的养成	63	86.3%
社会交往的能力(情绪、社会交往)	63	86.3%
其他,请注明	1	1.37%
本题有效填写人次	73	

(23)在孩子成长的过程中,您更看重孩子哪方面能力的发展?(多选题)

表 3-49　更看重孩子哪方面能力的发展

选项	小计	比例
观察力	66	90.41%
运算能力	46	63.01%

续表 3-49

选项	小计	比例
表达能力	70	95.89%
空间想象能力	55	75.34%
社会交往能力	67	91.78%
运动能力	60	82.19%
其他，请注明	1	1.37%
本题有效填写人次	73	

（24）在家庭教育中，您帮助幼儿做了哪些入学准备？（多选题）

表 3-50　幼儿的入学准备

选项	小计	比例
阅读相关书籍	57	78.08%
报培训班（如语文、拼音、奥数、数学、英语、书法）	20	27.4%
听相关教育讲座	22	30.14%
规范孩子作息时间	61	83.56%
和孩子讨论入学问题	41	56.16%
带着孩子跑步、跳绳等做不同的运动	45	61.64%
教孩子正确的坐姿和握笔姿势	58	79.45%
配合老师完成相关的小任务	58	79.45%
其他，请注明	1	1.37%
本题有效填写人次	73	

（25）您认为幼儿园在幼小衔接方面应该包括哪些内容？（多选题）

表 3-51　幼儿园在幼小衔接方面的内容

选项	小计	比例
知识技能衔接	61	83.56%
生活作息衔接	65	89.04%

续表 3-51

选项	小计	比例
学习习惯养成	69	94.52%
社会交往能力	59	80.82%
本题有效填写人次	73	

(26)您认为幼儿园在知识技能衔接方面应该包括哪些内容?(多选题)

表 3-52 幼儿园在知识技能衔接方面的内容

选项	小计	比例
基本加减法	65	89.04%
拼音的学习与运用	63	86.3%
常用汉字的读写	54	73.97%
阅读能力	66	90.41%
本题有效填写人次	73	

(27)“幼小衔接阶段提前帮助孩子做好拼音、识字量、计算、英语等知识储备很重要”。您对此观点的看法是?(单选题)

表 3-53 提前做好知识储备的重要性

选项	小计	比例
非常同意	25	34.25%
同意	37	50.68%
不确定	8	10.96%
不同意	2	2.74%
非常不同意	1	1.37%
本题有效填写人次	73	

（28）在幼小衔接的学习能力（识字、阅读、计算）培养中，您认为是教授的方法重要，还是掌握的数量重要？（单选题）

表 3-54　在幼小衔接的学习能力中，方法和数量哪一个最重要

选项	小计	比例
方法重要	54	73.97%
数量重要	0	0%
都重要	19	26.03%
本题有效填写人次	73	

（29）您是否了解小学一年级上学期幼儿的学习方式？（单选题）

表 3-55　小学一年级上学期幼儿的学习方式

选项	小计	比例
非常了解	13	17.81%
基本了解	43	58.9%
不太了解	16	21.92%
完全不了解	1	1.37%
本题有效填写人次	73	

（30）您是否了解小学一年级上学期的学习进度？（单选题）

表 3-56　小学一年级上学期的学习进度

选项	小计	比例
全面了解	12	16.44%
基本了解	43	58.9%
不太了解	17	23.29%
完全不了解	1	1.37%
本题有效填写人次	73	

(31)您会带孩子了解小学的基本科目设置,提前熟悉小学教科书内容吗?(单选题)

表 3-57　带孩子了解小学的基本科目设置,提前熟悉小学教科书内容

选项	小计	比例
是	26	35.62%
基本是	25	34.25%
否	22	30.14%
本题有效填写人次	73	

(32)您是否了解小学一年级上学期的语文课程标准?(单选题)

表 3-58　小学一年级上学期的语文课程标准

选项	小计	比例
非常了解	8	10.96%
基本了解	41	56.16%
不太了解	23	31.51%
完全不了解	1	1.37%
本题有效填写人次	73	

(33)您对拼音学习的看法是?(单选题)

表 3-59　对拼音学习的看法

选项	小计	比例
提前学完所有拼音能认读声母和韵母	26	35.62%
提前适量学一些,不必学完,以免孩子进入小学后不认真听讲	39	53.42%
不用提前学,小学拼音教学进度容易被孩子接受,更适合孩子的年龄特点	8	10.96%
本题有效填写人次	73	

（34）您会有意识地提前教孩子拼音和识字，并让孩子做相关的练习吗？（单选题）

表 3-60　提前教孩子拼音和识字并让孩子做相关的练习

选项	小计	比例
是	28	38.36%
基本是	38	52.05%
否	7	9.59%
本题有效填写人次	73	

（35）您是否了解小学一年级上学期的识字量要求？（单选题）

表 3-61　小学一年级上学期的识字量要求

选项	小计	比例
非常了解	14	19.18%
基本了解	39	53.42%
不太了解	19	26.03%
完全不了解	1	1.37%
本题有效填写人次	73	

（36）请问您在幼儿识字方面做了哪些工作？（多选题）

表 3-62　幼儿识字方面做的工作

选项	小计	比例
A. 经常玩日常识字游戏	57	78.08%
B. 进行书写能力训练	47	64.38%
C. 打造班级识字环境	20	27.4%
D. 其他	1	1.37%
本题有效填写人次	73	

(37)您是否了解小学一年级上学期的语言及阅读学习要求?(单选题)

表 3-63　小学一年级上学期的语言及阅读学习要求

选项	小计	比例
非常了解	11	15.07%
基本了解	37	50.68%
不太了解	24	32.88%
完全不了解	1	1.37%
本题有效填写人次	73	

(38)您认为幼儿进入小学时应具备哪些语言方面的能力?(多选题)

表 3-64　进入小学时应具备哪些语言方面的能力

选项	小计	比例
A. 口头语言理解能力	60	82.19%
B. 口头语言表达能力	64	87.67%
C. 阅读能力	59	80.82%
D. 前书写能力	49	67.12%
E. 语言文学能力	41	56.16%
F. 其他——	0	0%
本题有效填写人次	73	

(39)您在幼儿语言方面做了哪些入学准备教育?(多选题)

表 3-65　入学准备语言教育的内容

选项	小计	比例
A. 培养孩子的语言学习兴趣	61	83.56%
B. 培养孩子良好的用语习惯	59	80.82%
C. 培养孩子书写习惯	53	72.6%

续表 3-65

选项	小计	比例
D. 培养孩子阅读习惯	61	83.56%
E. 培养孩子语言学习专注力的习惯	56	76.71%
F. 其他	0	0%
本题有效填写人次	73	

(40)您经常陪孩子阅读,培养他(她)的阅读兴趣吗?(单选题)

表 3-66 培养孩子的阅读兴趣的意识

选项	小计	比例
是	29	39.73%
基本是	42	57.53%
否	2	2.74%
本题有效填写人次	73	

(41)您是否了解小学一年级上学期的数学课程标准?(单选题)

表 3-67 是否了解小学一年级上学期的数学课程标准

选项	小计	比例
非常了解	12	16.44%
基本了解	35	47.95%
不太了解	25	34.25%
完全不了解	1	1.37%
本题有效填写人次	73	

(42)您是否了解小学一年级上学期的计算能力要求?(单选题)

表 3-68　是否了解小学一年级上学期的计算能力要求

选项	小计	比例
非常了解	9	12.33%
基本了解	37	50.68%
不太了解	26	35.62%
完全不了解	1	1.37%
本题有效填写人次	73	

(43)您对计算能力的看法是?(单选题)

表 3-69　对计算的看法

选项	小计	比例
熟练掌握 10 以内分合	27	36.99%
提前学习 20 以内加减法	31	42.47%
提前学习 30 以内加减法	10	13.7%
提前学越多越好	5	6.85%
本题有效填写人次	73	

(44)您会教孩子简单的加减法,培养孩子口算能力吗?(单选题)

表 3-70　是否会培养孩子口算能力

选项	小计	比例
是	41	56.16%
基本是	26	35.62%
否	6	8.22%
本题有效填写人次	73	

(45)您会教孩子认识26个英文字母,掌握常用单词,提高口语能力吗?(单选题)

表3-71 是否会教孩子英文

选项	小计	比例
是	29	39.73%
基本是	23	31.51%
否	21	28.77%
本题有效填写人次	73	

(46)目前您的孩子哪些表现会让您担心进入小学会出现不适应的情况?(多选题)

表3-72 是否会担心孩子入学后不适应

选项	小计	比例
不知道如何结交新朋友	22	30.14%
注意力不集中,约束力差	51	69.86%
听不懂老师说的话,胆小,不爱发言,不能完整清楚地表达自己的想法	40	54.79%
未能如期传达老师交代的事情	26	35.62%
生活自理能力弱,缺少时间观念,做事拖拉,常遗忘或遗失物品	39	53.42%
学习能力及知识储备不够	44	60.27%
其他,请注明	3	4.11%
本题有效填写人次	73	

(47)孩子即将步入小学,您比较担心的事情是?(多选题)

表3-73 您担心的方面

选项	小计	比例
孩子是否能够完成作业	35	47.95%
孩子是否能够专心听讲	62	84.93%

续表 3-73

选项	小计	比例
孩子是否能与同伴友好相处	41	56.16%
学习是否能跟得上教学进度	49	67.12%
孩子是否能养成良好的学习习惯	61	83.56%
其他,请注明	2	2.74%
本题有效填写人次	73	

(48)您希望孩子在园得到以下哪些方面的培养?(多选题)

表 3-74 希望孩子得到哪方面培养

选项	小计	比例
自理能力	61	83.56%
学习兴趣	63	86.3%
良好的学习习惯	63	86.3%
唱歌、跳舞、画画	34	46.58%
数学能力	44	60.27%
运动能力	51	69.86%
关爱他人	40	54.79%
会整理、准备自己的物品	55	75.34%
会主动交朋友	50	68.49%
会主动表达自己的需求	63	86.3%
会妥善保管自己的物品	49	67.12%
会大胆表现自己	60	82.19%
其他,请注明	1	1.37%
本题有效填写人次	73	

(49)您觉得幼儿园在开展幼小衔接活动时，哪些家园共育形式是最乐于接受并且能够提升幼儿能力的？（多选题）

表 3-75　乐于接受的形式

选项	小计	比例
亲子小任务	56	76.71%
亲子游戏	51	69.86%
半日开放活动	39	53.42%
线上互动与分享	29	39.73%
亲子教育指导手册	31	42.47%
本题有效填写人次	73	

(50)为了帮助孩子更有效、科学地进行幼小衔接，您认为应该主要从哪儿方面着手？（多选题）

表 3-76　着手的方面

选项	小计	比例
幼儿园加强幼小衔接教学活动	62	84.93%
加强教师专业知识储备	41	56.16%
减少教师流动	27	36.99%
改善学校软硬件设施，创造良好的学习、生活环境	39	53.42%
小学加强向下知识衔接、作息衔接	45	61.64%
其他，请注明	3	4.11%
本题有效填写人次	73	

(51)在家长幼小衔接工作方面您希望获得哪些支持？（多选题）

表 3-77　希望获得的支持

选项	小计	比例
科学的幼小衔接内容与方法	61	83.56%
科学开展幼小衔接活动的指导手册	55	75.34%

续表 3-77

选项	小计	比例
幼儿园教师的针对性指导	46	63.01%
家长之间的成功经验交流	31	42.47%
本题有效填写人次	73	

（52）您希望幼儿园采取哪些方式开展面向家长的幼小衔接活动？（多选题）

表 3-78　希望开展的活动

选项	小计	比例
专家讲座	51	69.86%
宣传资料	36	49.32%
家长沙龙	31	42.47%
家长开放日	52	71.23%
其他，请注明	2	2.74%
本题有效填写人次	73	

（53）对于幼小衔接，您还有哪些建议？（多选题）

A. 可以适当教授一些一年级的知识。

B. 进行一些必要的知识灌输。

C. 学习习惯、拼音、10 以内加减法，阅读都得学习。

D. 家校共育很重要！

E. 适当地让孩子学习，比如学会拼音，会认识 500 个常用字，学会数学 20 以内加减法，养成学习习惯，提高专注力。

F. 幼儿园应该开展一些幼小衔接的知识学习，上课时间应该与小学有所衔接，提前给家长沟通幼小衔接的一些工作安排，不至于家长这么茫然地在外面寻找机构去让孩子学习幼小衔接的知识。

G. 定期举行大班老师跟一年级老师观摩和座谈交流，熟悉对方的教育方法和教学要求，使大班的教育教学方法更接近小学一年级，可以先适当地降低学习难度，继续采用儿童喜爱的游戏形式，学好拼音和多练字，识字量达到1000以上。

H. 让孩子尽情玩耍，享受童年。

I. 适当的年龄学习适当的课程文化。

J. 适度增加孩子上小学的能力和知识储备。

K. 可以学习一部分知识。

L. 适当启蒙。

M. 能更好地让孩子尽早适应小学生活。

2. 调查结果分析

(1)幼儿转(退)园比率及去向如表3-79所示。

表3-79　转(退)园幼儿所属班级基本信息表

园区	班级	人数
园田园区	中一班	3
	中二班	4
	中三班	6
	中四班	7
	中五班	3
	中六班	2
滨河园区	小一班	1
	小二班	2
	小三班	2
	小四班	1
	中一班	12
	中二班	14
	中三班	1
杨槐园区	中一班	11
	中二班	4

据统计，园田园区转(退)园25人，占总转(退)园人数的34.2%，滨河

园区转(退)园33人,占45.2%,杨槐园区转(退)园15人,占20.5%。

通过与大班幼儿教师访谈了解到,转(退)园的幼儿主要是转至私立幼儿园、幼小衔接机构及学前班提前进行小学课程相关的学习。为了了解幼儿去向是否如幼儿教师所说,在家长问卷中设置题目调查了解了幼儿转(退)园后去向。

通过调查发现,32.88%的家长选择"有教授小学知识内容的幼小衔接班或幼儿园";32.88%的家长选择"学前班"。早在2018年教育部办公厅发布的《关于开展幼儿园"小学化"专项治理工作的通知》中明确指出,社会培训机构不得以学前班、幼小衔接等名义提前教授小学内容,各地要结合校外培训机构治理予以规范。但是众多急于求成、急于见成效的幼儿家长为此类机构提供了庞大的市场,"超前学习"现象屡禁不止。

(2)幼儿转(退)园原因及分析。

1)来自家庭的原因。

一是家长对幼升小的需求取向。通过与大班幼儿家长的访谈,了解到幼儿转(退)园的原因及比率如表3-80所示。

表3-80　幼儿转(退)园主要原因及比率

序号	影响因素	所占比例
1	想让孩子在入学前多进行一些知识准备	54.8%
2	认为孩子在入学前需要去幼小衔接机构进行入学准备	52.06%
3	家中长辈(祖父母)认为有进入幼小衔接机构进行入学准备的必要	45.21%
4	担心孩子进入小学后跟不上学习进度	57.54%
5	认为幼小衔接机构学习的内容更贴近小学	45.21%
6	周围很多人在孩子入学前送孩子去幼小衔接机构	50.69%
7	认为幼小衔接机构可以帮助孩子更好地进行作息上的衔接	52.06%
8	为了直升目标小学而转去其附属学前班	15.07%

如表3-80所示,高达57.54%的家长选择"担心孩子进入小学后跟不上学习进度",表明该选项是幼儿转(退)园的主要原因;有50.69%的家长选择

“周围很多人在孩子入学前送孩子去幼小衔接机构”,说明由于家长的从众心理,导致幼儿转(退)园;54.8%的家长选择“想让孩子在入学前多进行一些知识准备”,说明这部分家长看中孩子的学习成绩,可能持有“学习成绩至上”的观念;15.07%的家长选择“为了直升目标小学而将孩子转至其附属学前班”,表明这些家长突出择校的重要性。研究结果显示,公立幼儿园家长在“怕孩子跟不上小学的教学进度”方面显示出了极大的担忧。由于教育部办公厅《关于开展幼儿园“小学化”专项治理工作的通知》明确规定严禁幼儿园教授小学课程内容,公立幼儿园严格执行国家政策,杜绝向幼儿讲授小学课程知识,强调幼儿身心的和谐发展,注重培养幼儿的求知欲、专注力、坚持性、独立性、责任心等学习品质,关注幼儿的学习兴趣、学习态度、学习习惯等。但是私立幼儿园自负盈亏的经营模式决定了生源是效益的唯一来源,因此,为了保障生源而迎合家长的需求,在课程中专门设置小学课程内容,在一定程度上缓解了家长的担忧。在“为了直升目标小学而转去其附属学前班”选项的选择上,由于金水区优质教育资源丰富,因此在目标小学的选择方面担忧较少。有很多幼儿家长在幼小衔接期存在明显的焦虑情绪,产生盲目报班的情况。家长让幼儿提前学习小学知识的做法,只顾及眼前短暂的成果而忽视了“超前学习”对于幼儿终身学习带来的影响,反映出家长不了解幼儿身心发展的规律,对于幼儿的入学准备缺乏科学的认识。

二是家长对幼儿园教授小学相关内容的态度。幼儿转(退)园情况的出现离不开家长们对于入学前知识方面准备的片面重视,因此,在调查问卷中设置题目调查幼儿家长对于幼儿园教授小学知识的态度,结果显示,部分转(退)园幼儿家长对于超前学习的态度有待转变与更新,在最后的建议题目中,更有家长提出:“可以适当教授一些一年级的知识”“进行一些必要的知识灌输”“学习拼音、10以内加减法、阅读”“认识500个常用字、20以内加减法”“学好拼音和多练字,识字量达到1000以上”等要求,违背幼儿身心发展规律,盲目追求知识的超前学习。

三是家长对小学学习了解有限。为调查家长对于小学学习的认识程度,设置题目了解家长对于“一年级幼儿学习方式”“一年级上学期语文、数学课标”“一年级上学期学习进度”“一年级上学期识字量及计算能力要求”

等，结果显示，部分家长并不完全了解小学一年级上学期幼儿的学习方式、各学科课程进度及具体要求，仅仅关注幼儿提前学了多少知识。

2）来自幼儿园的原因。幼儿园教学内容不涉及小学课程知识，教学活动严格执行幼儿园教学大纲的规定，突出教育的启蒙性，坚持以健康、社会、科学、语言、艺术等学习活动为主。可是，这种做法满足不了部分家长让幼儿提前学习小学课程知识内容的心理需求，由此产生较为严重的幼儿转（退）园现象。有不少幼儿从中班下学期末开始退园，大班阶段到其他教学培训机构提前学习小学课程相关知识。

此外，《幼儿园工作规程》第52条规定："幼儿园应当主动与幼儿家庭沟通合作，为家长提供科学育儿宣传指导，帮助家长创设良好的家庭教育环境，共同担负教育幼儿的任务。"因此，幼儿园在重视幼儿教育的同时，不能忽视家长工作的落实。幼儿升入小学之前应做一些适当的准备，这已是幼儿教师和幼儿家长以及小学教师的共识，但是，应做哪些方面的准备呢？在这个问题上，他们的认识却大相径庭。幼儿在园期间幼儿园经常举办关于幼小衔接、入学准备方面的讲座，内容上突出家长怎样为幼儿做好全面的入学准备。但是由于幼小衔接机构的大力宣传以及听从周围人的说法，还是有不少家长将幼儿转走，幼儿园讲座收效甚微。

帮助幼儿做好入学准备是幼儿园与家庭双方共同的责任，幼儿园有义务为幼儿家长提供帮助与指导。家园双方要通力合作，在整个幼儿园期间加强培养幼儿与学习活动有关的心理能力，提高幼儿的观察、想象、比较、分类、归纳、概括、思维逻辑等能力，发展幼儿的社会适应能力。要培养幼儿的规则意识与执行规则的能力、培养幼儿任务意识与完成任务的能力、培养幼儿独立性与生活自理能力、培养幼儿人际交往能力等，促进幼儿顺利适应小学阶段的学习与生活。

综上分析，幼儿转（退）园的原因主要来自幼儿园、家庭两方面，但主要以家长主观需求为主。幼儿家长的需求主要来源于对小学教学进度的担忧。

各园区存在不同程度的幼儿转（退）园现象，位于郊区、面向城中村回迁居民招生的分园区幼儿转（退）园率高于总园；流失幼儿去向主要有私立幼儿园、学前班、幼小衔接培训机构。

（三）面向小学六年级优秀孩子家长问卷调查及分析

在政策方针的指引下，为实现幼小科学衔接，各地协调“家—校—园”多方力量，积极展开幼小衔接教育实践探索。那么，幼小衔接成效如何？各利益主体合作参与效果如何？已有关注幼小衔接的研究，多聚焦某一方利益主体或参与的某一方面，尚缺乏包括多利益主体的综合性实证研究，故对当前幼小衔接概况的了解仍不充分。一方面现有研究将讨论重心倾向于幼儿园，密切关注幼儿园的幼小衔接教育情况；另一方面，一些从事小学教育的研究者和教育工作实践者自身对幼小衔接工作也缺乏一些关注和了解。但事实上，幼儿园与小学相互在教育教养工作上，在工作内容的方法上是彼此联系的，幼小衔接是一项整体性工作，需要幼儿园和小学共同积极努力。基于此，为确保研究的客观性、代表性，本书遵循科学原则研制调查问卷，旨在从小学家长的视角出发，多层次、多维度了解“零起点”教育背景下当前幼小衔接的开展现状以及正在面临的问题与挑战，进而思考幼小科学衔接的有效举措。

幼小衔接是幼儿园和小学相互呼应的过程。做好幼小衔接，是实现基础教育高质量发展的关键之一。当前，“知识为本”“升学为重”等观念违反了教育规律，将整个社会的焦虑投射到年幼儿童的身心上，而作为家长，亦被其所牵引。对于家长们来说，在“幼小衔接”的话题上，或多或少存在着一些疑问以及焦虑的情绪，其中对于“上小学后孩子学业是否跟得上”这一问题尤为焦虑。为了深入了解幼儿进入小学后各项能力发展情况，秉持儿童可持续发展原则，特面向北区四月天小学、丽水外国语学校、龙门实验学校三所小学中六年级优秀学生家长发放调查问卷，共收回问卷 391 份，具体结果如表 3-81 至表 3-90，图 3-1 所示。

1. 面向小学六年级优秀孩子家长问卷调查结果

(1)您的孩子毕业的幼儿园属于?(单选题)

表 3-81 幼儿园的性质

选项	小计	比例
公立幼儿园	82	26.54%
民办幼儿园	222	71.84%
其他	5	1.62%
本题有效填写人次	309	

(2)您的孩子入小学前,是否上过学前班?(单选题)

表 3-82 是否上过学前班

选项	小计	比例
是	211	68.28%
否	98	31.72%
本题有效填写人次	309	

(3)您觉得孩子在入小学前,需要通过幼小衔接班等方式提前学习吗?(单选题)

表 3-83 是否需要提前学习

选项	小计	比例
非常有必要	119	38.51%
比较有必要	135	43.69%
没有必要	47	15.21%
不清楚	8	2.59%
本题有效填写人次	309	

(4)您认为幼儿入小学四项准备中,哪个最重要?请您依次进行排序(排序题)

表 3-84　重要性排序

选项	综合得分	第 1 位	第 2 位	第 3 位	第 4 位	小计
身心准备	3.72	251 (82.3%)	39 (12.79%)	13 (4.26%)	2 (0.66%)	305
生活准备	2.5	21 (7.24%)	167 (57.59%)	86 (29.66%)	16 (5.52%)	290
学习准备	1.94	33 (11.46%)	64 (22.22%)	84 (29.17%)	107 (37.15%)	288
社会准备	1.41	4 (1.47%)	25 (9.19%)	102 (37.5%)	141 (51.84%)	272

(5)您为孩子步入小学做了哪些准备?(多选题)

表 3-85　入学准备

选项	小计	比例
阅读幼小衔接相关书籍	190	61.49%
参加相关主题的讲座或者沙龙	43	13.92%
与小学家长进行沟通交流	140	45.31%
带幼儿参加社会培训机构的幼小衔接课程学习	113	36.57%
在生活中有意识地培养孩子的生活习惯和学习能力	248	80.26%
鼓励幼儿多与同龄人进行交往;提高社交能力	223	72.17%
带孩子了解小学的环境、作息和学习方式	211	68.28%
没有做任何准备,顺其自然	15	4.85%
本题有效填写人次	309	

(6)在入小学前,您的孩子都有哪些表现?(多选题)

表 3-86 孩子的表现

选项	小计	比例
对上学充满期待	222	71.84%
能保持积极、稳定的情绪	243	78.64%
喜欢运动,能连续运动半小时以上	160	51.78%
生活自理能力	226	73.14%
安全防护意识	190	61.49%
诚实守规	189	61.17%
任务意识	120	38.83%
学习兴趣	175	56.63%
手部动作协调	142	45.95%
劳动习惯和劳动能力	154	49.84%
热爱集体	175	56.63%
学习能力	170	55.02%
本题有效填写人次	309	

(7)经过小学六年的学习,您觉得孩子在入小学前,在数学方面应该做哪些准备?(多选题)

表 3-87 入学前的准备(数学)

选项	小计	比例
认识数字 1~100	255	82.52%
10 以内的单双数	209	67.64%
相邻数	161	52.1%
比大小	216	69.9%
10 以内的分解与合成	214	69.26%
加减运算	195	63.11%
顺序、比较	195	63.11%
认识钟表	170	55.02%
本题有效填写人次	309	

（8）经过小学六年的学习，您觉得孩子在入学前，在语文方面应具备哪些能力？（多选题）

表 3-88　入学前准备（语文）

选项	小计	比例
语言表达能力	291	94.17%
拼音学习	228	73.79%
阅读兴趣和习惯的培养	286	92.56%
看图讲述	196	63.43%
口述日记	114	36.89%
识字量	215	69.58%
背诵古诗	197	63.75%
本题有效填写人次	309	

（9）您的孩子在一年级新生入学中遇到哪些问题？（多选题）

表 3-89　遇到的问题

选项	小计	比例
自理能力、自我管理能力差，如不会系鞋带、收拾书包等	141	45.63%
学习习惯不好，如课堂注意力、听说习惯和复习预习、作业习惯等	170	55.02%
学习态度不好，不适应小学的学习方式和要求，听课态度差，作业完成情况不好	66	21.36%
学习内容跟不上，知识掌握有困难，识字、计算能力弱	81	26.21%
人际交往能力弱，与同伴发生矛盾不知道如何解决	100	32.36%
对小学生活没有向往，留恋幼儿园生活	42	13.59%
本题有效填写人次	309	

(10)您认为哪些形式能有效指导和帮助家长做好幼小衔接工作?(多选题)

表3-90 认可的形式

选项	小计	比例
专家讲座	96	31.07%
幼儿园家长会	112	36.25%
家长开放日活动	163	52.75%
经验交流分享会	236	76.38%
家庭教育指导班或者系统课程	141	45.63%
本题有效填写人次	309	

(11)对于幼小衔接工作,您还有什么好的建议或者意见?(填空题)

结果显示,针对幼小衔接,仅有6%的家长认为需要提前学习知识,94%的家长都认为没有必要超前学习。其中,40%的家长认为生活、学习等方面的习惯培养尤为重要,23%的家长认为大量的阅读对于孩子后续学习非常有帮助,9%的家长认为需要培养孩子的好奇心与探究兴趣,12%的家长认为拥有健康的体魄与积极的心态是必不可少的,10%的家长认为可以开展形式多样的幼小衔接活动,帮助幼儿平稳过渡。

2.调查结果分析

(1)认为身心与生活准备更为重要。据统计,在幼儿入学四项准备中,"身心准备"得分最高,"生活准备"次之。如图3-1所示,对于六年级家长而言,纵观幼儿六年的发展情况,认为身心准备>生活准备>学习准备>社会准备,由此可见,健康的身体、良好的情绪、良好的习惯相对来说更为重要。

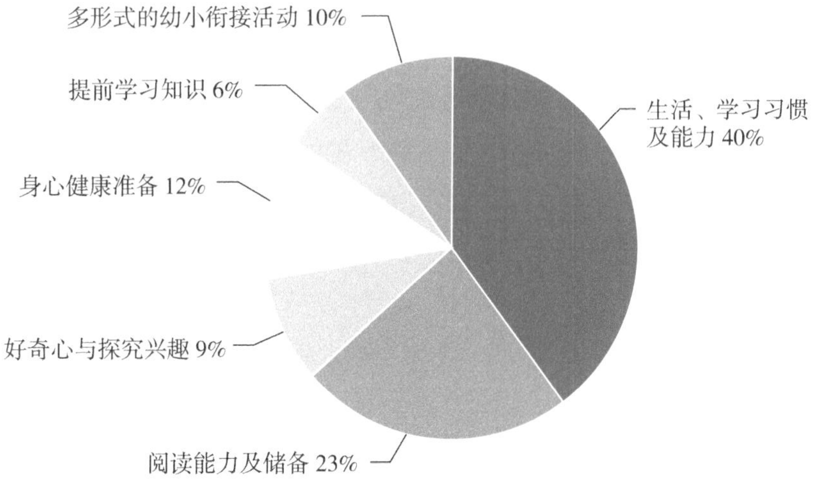

图 3-1　相关建议或意见

（2）理念上重视幼儿习惯及社会性培养。对于幼儿进入小学所需要的入学准备中，大家多采用“在生活中有意识地培养孩子的生活习惯和学习能力”“鼓励幼儿多与同龄人进行交往，提高社交能力”“带孩子了解小学的环境、作息和学习方式”“阅读幼小衔接相关书籍”等方式为幼儿做好准备，只有三成的家长选择“带幼儿参加社会培训机构的幼小衔接课程学习”。

（3）学习方面重视兴趣与能力培养，不提倡“超前学习”。针对幼儿园家长最为焦虑的“学习方面”，小学六年级家长认为，要更加重视学习兴趣与能力的培养，不提倡“超前学习”。其中，小学家长对于入学前数学的学习观点基本符合幼儿发展规律，同时与幼儿园教学目标与培养目标基本吻合；对于语文的学习，更侧重于“语言表达能力”“阅读兴趣和习惯培养”等方面，在最后的建议问题中，也有不少家长提出“多开展思维拓展和数学语文的实践运用方面的知识，知识具象化”“培养学习兴趣寓教于乐”“不必急于学习课程知识，多阅读，多参观体验，扩大孩子视野”“认清孩子自身的学习能力，不盲目提前学，保持孩子对新知识的新鲜感和自我学习的能力的培养，注重养成孩子的阅读习惯”“培养孩子时间观念和效率，让孩子懂得有效规划和合理安排时间；培养集中的专注力，一定要多阅读，提高识字量和阅读速度”等建议，更加直观清晰地表明，对于小学整个学段的学习来说，阅读量、学习习惯、学习兴趣、专注力等方面的准备比单纯的超前知识学习更为重要，是影响幼儿可持续学习与发展的关键。

（4）幼儿入学前应做自我管理、学习习惯的养成。调查结果表明，近半数的孩子上小学后存在“自理能力、自我管理能力差，如不会系鞋带、收拾书包等”“学习习惯不好，如课堂注意力、听说习惯和复习预习、作业习惯”等的现象，由此说明，在幼小衔接方面，学习习惯、注意力、听说习惯、自我管理能力等方面的培养仍存在一定的问题，呼吁幼儿家长在学前阶段扎实培养以上习惯，促进幼儿做好幼儿园与小学的平稳过渡。

（5）家长更认可“经验交流”“家长开放”等形式的幼小衔接活动。最后，数据显示，“经验交流分享会”“家长开放日活动”对于家长而言，更能有效指导家长做好幼小衔接工作，基于此，幼儿园可以积极采纳家长的建议，采用家长易于接受、效果好的方式进行幼小衔接工作，宣传科学的理念，帮助家长树立正确的认知。

总之，对于家长而言，站在幼儿可持续发展的角度看幼小衔接工作表明，幼儿家长在学前阶段不必过于焦虑，应树立科学的教育理念，尊重幼儿身心发展的规律；对于幼儿而言，良好的生活、学习、倾听、阅读习惯才是上小学不可或缺的本领，不能本末倒置，一味追求知识的超前学习；对于幼儿园而言，可以创新幼小衔接工作形式，采用“经验交流”“家长开放”等形式，宣传科学的育儿理念；家园合作，促进幼儿学习习惯、注意力、听说习惯、自我管理能力等方面能力提升；幼儿园与小学应切实做好双向衔接，多形式减轻家长焦虑，促进有效平稳过渡。

第二节
儿童心理剧与家园共育

我们幼儿园依据教育部《关于大力推进幼儿园与小学科学衔接的指导意见》的要求，围绕入学四个准备做了一系列的工作，依托儿童心理剧，在编排的过程中，孩子们参与表演、观看表演，帮助孩子们对小学有正确的认识和期待渴望上小学；通过家长观看儿童心理剧帮助家长更多地了解、读懂孩子，减缓焦虑情绪，掌握正确的家庭教养方式方法，为孩子们做好幼儿园与小学的衔接。

一、儿童心理剧《一年级，我来啦》

心理现象与分析

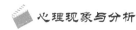

学龄前和学龄期幼儿在心理发展方面存在着显著的差异，幼儿园与小学的生活、学习环境也有着明显的不同，在教育目标、教育的方式、教育方法等方面更有着本质的区别。从教育的阶段性、连续性和整体性出发，幼儿园和家庭应当把幼儿入学前的准备工作作为幼儿教育最基本的任务之一。如果准备工作不充分，幼儿入学后，面对陌生的环境和不同的要求，可能会感到负担过重，难以适应，甚至造成幼儿体质下降，学习积极性减退，对学习产生厌倦情绪，从而挫伤幼儿学习的信心。特别是当家长走入教育误区，传递焦虑、揠苗助长时，幼儿甚至对小学产生排斥心理。因此，树立正确的教育观念，为幼儿做好入学前的准备，尤其是心理上的准备，是实现总体教育目标、落实幼小衔接工作的关键。

（一）目前幼儿针对一年级的心理准备现状描述

1. 情感较复杂，大班下学期比上学期的心态更正向、积极

幼儿对上小学的情感直接影响幼儿对上小学的态度和入学后的适应情况。研究发现，大班幼儿对上小学的感受既有积极的一面，也有消极的一

面,有部分幼儿呈现出既消极又积极的复杂情感。其中,多数幼儿用“很开心”“很高兴”“很好”等含有积极情绪色彩的词语来表达自己对上小学的感受;一些幼儿用“还好”等词语表达自己对上小学的感受;部分幼儿对上小学的感受比较消极,如“很紧张”“有压力”“不想去”;其余幼儿的感受比较复杂,如认为上小学“很开心,但又有一些害怕”“很开心,但又有一些紧张”。

通过对大班上学期和大班下学期调查数据进行对比分析后发现,到了大班下学期,对上小学持积极情感的幼儿数量有所上升,而持消极态度的幼儿数量有所下降。幼儿情感的微妙变化,可能与他们对小学的了解日益增多有关。

2. 幼儿心理准备不足,担心过多

幼儿对即将成为小学生充满了向往,同时也有自己的担心,但是大多数幼儿没有做好心理准备迎接小学。在问及“有没有担心的地方”这个问题时,部分幼儿的回答如下:“我怕做错题,怕考不了100分”“我担心小学不让我们出去玩,担心被罚站”“怕妈妈给我穿有鞋带的鞋子不会系鞋带,找不到教室和厕所”“怕老师批评”“小学学习很难,怕听不懂”“怕作业太多、怕睡过头”等等。从幼儿的回答中得知,他们还没有做好充分的心理准备,幼儿对上小学充满了担心,担心自己不会写作业、不会系鞋带、找不到教室和厕所、迟到、考试不及格、被老师批评等,种种的担心让幼儿觉得上小学是件不美好的事情,对上小学存在抵触心理。

3. 比较重视认知与一般知识和技能、身体健康与运动锻炼等方面的入学准备

为考查大班幼儿对进入小学所需能力的认知,以“你觉得上小学需要哪些本领”的提问对幼儿进行访谈。通过分析和归类发现,可将幼儿的回答分为认知与一般知识和技能、学习品质、社会性与情绪发展、身体健康与运动锻炼、行为规范、生活自理能力共六类。通过对幼儿回答频次的统计分析发现,幼儿回答较多的是认知与一般知识和技能、身体健康与运动锻炼、行为规范、生活自理能力。其中,认知与一般知识和技能被提及的频次最高。幼儿多以学科知识的方式被提及,如提到“会用铅笔”“会拼音、认字、写字”“会做加减法、乘法”“会背课文”“会写作文”等。身体健康与运动锻炼被提

及的频次也比较高，如很多幼儿提到“要跑步很快”“会跳绳”等。

（二）幼儿的现状原因剖析

幼儿的身体和运动、情绪与社会性、学习态度、言语及认知的发展等都在循序渐进，不能将幼儿园教育与小学教育分割为两个截然不同的阶段，否则将会使孩子因为各种变化而不知所措，甚至产生学习适应不良等压力。大班幼儿正处于衔接和过渡的时期，这一时期幼儿有其自身发展的特点。场所和角色的转换会给幼儿的心灵带来很多冲击和变化，家长和教师的期待以及同伴的变化也会给幼儿增加心理上的紧张和不安。具体而言，幼儿在入学心理准备上存在以上情况的原因主要有以下五个方面。

1. 父母方面

小学不同于幼儿园的重点在于幼儿园没有升学的压力，没有过多的功课和作业。进入小学后，孩子就要面临各种考试和测验，会有一定量的作业，而这些变化使得家长的期待和要求也自然发生很大的变化。此外，现代社会的家长工作比较繁忙，在社会中体验到竞争的激烈和残酷，他们一定程度上会将自己感受的压力和竞争投射到孩子的身上，要求孩子从小就要努力，以期适应以后的社会生活。因此，可能会不顾孩子的兴趣和需要给孩子报很多的兴趣班和辅导班等。

2. 教师方面

幼儿园教师和小学教师的要求不同，且双方缺乏有效充分的沟通，对儿童发展特点的理解、已有经验的了解，对儿童的要求等都可能存在一定的差异。而大班幼儿与一年级新生都很在意教师对自己的评价，教师如果评价不当，就有可能影响幼儿的自我效能感，或导致幼儿产生心理压力。

3. 环境适应方面

幼儿从幼儿园到小学，环境发生了很大的变化，小学的教室桌椅、黑板等室内环境和室外环境都不同于幼儿园，相应的规章制度也会发生变化，如作息时间有所调整、游戏时间有所减少等，这些都会影响幼儿的心理。

4. 同伴关系方面

幼儿从幼儿园到小学，自己原有的同伴可能会发生变化，原有的好朋友或玩伴可能不和自己在一个学校或一个班级。同时他们会认识很多新的同伴,怎样和新的同伴建立良好的关系、即将来临的同伴关系变化和转换也会在一定程度上给幼儿的心理带来一定的压力和困惑。

5. 学习方面

进入小学后,儿童的学习负担有所加重,学习内容变多、作业不会做,考试考不好、学习赶不上其他同学等不确定因素影响幼儿的心理。基于此,可以通过认知行为疗法改善,培养幼儿自理能力,特别是亲子之间的沟通,包括帮助幼儿扩大与环境之间的接触。同时,教师也要参与对幼儿的教育中,帮助幼儿提高其对小学的兴趣。

(三)家庭情况或家庭教育中的误区

家庭是儿童生活和成长的主要场所,是影响儿童入学心理准备状况的重要因素之一。在部分家长看来,入学准备就等于知识的准备,充分的知识准备等于良好的入学准备,从而只注重短期的效果,而忽视幼儿长远的发展。目前大多数家庭只有一个孩子,孩子往往处在一个家庭的中心地位,父母对其寄予厚望,希望他能赢在起跑线上。也正是家长的这种教育思想,很多家长都会在幼儿大班阶段给孩子报学前班、辅导班,提前给孩子灌输小学知识,想尽一切办法让其学习更多的知识。这些做法违背幼儿的身心发展规律,导致幼儿的学习兴趣不高。在入学适应这一问题上,家长认为只要孩子上课认真听讲,老师教的知识都能听懂,考试得高分,就是适应小学学习与生活了,不管孩子是否做好心理准备,忽视孩子的真实需要。正是家长"知识为本"的观念影响了幼儿的认识,幼儿自然而然地认为知识对入学准备是非常重要的。而家长对入学准备的错误认识会影响家庭氛围,家长日常的言语也会潜移默化地影响幼儿。不少幼儿对入学准备有负面认识,如老师非常严格、老师会让迟到的同学罚站、不听话老师会训斥、考试内容很难、作业很多等看法来源于父母、长辈,从而给幼儿的入学心理准备带来不良的影响。

剧本介绍

【基本信息】

单位：郑州市金水区第三幼儿园

主题：父母的过高期望导致孩子产生对小学的排斥和恐惧

适用年级：学前

编导老师：周诗文　刘金金　于　迪　李雅君

演出人员：石沐禾　韩芊奕　梁文曦　李羽彤　韩佳馨等

【辅导目标】

1. 幼儿对小学的向往。

2. 父母对子女上学的合理引导和期望。

【人物介绍】

圆圆是一个聪明活泼、自信能干的小女孩，她各方面都特别优秀，唱起歌来像百灵鸟一样好听，在集体活动中总是富有感染力。运动会上，每次都能看到她睁大眼睛冲向终点的样子；做手工、自助餐……所有活动都能看到她投入、自信的目光，她真的是所有人眼中最优秀、最棒的宝贝。

【剧本内容】

这是发生在大班女孩圆圆（化名）身上的真实故事。圆圆是一名自信、活泼、开朗的小女孩。她的父母都是高校老师，注重给孩子最优质的陪伴，妈妈更是精心为孩子安排好每天的时间和丰富的“课余活动”。随着幼儿园生活即将结束，妈妈口中的小学终于要来了，自信、优秀的圆圆对小学的恐惧感也爆发了……在幼儿园辩论会“小学好还是幼儿园好”活动中，老师发现了圆圆的情绪问题，十分重视，立刻与家长进行针对性沟通，同时在日常活动中，关心引导圆圆，很快让圆圆走出了心灵的阴霾，重回自信。

【教师解读】

望子成龙、望女成凤是家长们普遍的期望，也有一些家长把这种想法过早地、过重地加在孩子的生活中，从孩子每天睁开眼睛就为他们安排好了每一分钟，随着孩子年龄的增长，对上学的恐惧也越来越大。剧中的圆圆原本活泼开朗，爱说爱笑。随着大班即将毕业，她对小学的排斥愈加明显，影响着当前的生活，甚至出现了摔打东西、性格暴躁、失落、提不起精神等心理变化。针对这种情况，教师采取了交流法、沙盘疗法、行为疗法等心理调节方法，及时关注孩子的变化，并与家长沟通，实现家园共育。

在老师、小朋友、家长的共同帮助下，圆圆重新认识了小学，正视了长大和上小学的美好挑战，重拾欢笑。其实，父母给孩子的引导和期望出发点都是一样的：希望孩子越来越优秀。可是，我们以为的，未必是孩子能接受的、最需要的，要理解孩子的需求和焦虑，才能健康、适度地激发孩子信心，给予他们需要的“帮助”。本剧的目的是提醒家长走进孩子、尊重孩子、理解孩子，才能更好地支持孩子健康成长。教育孩子就像牵着一只蜗牛散步，家长要树立科学的教养观念，跟随孩子的脚步发现孩子眼中的美好，解决孩子的疑问，陪孩子一起看书、一起游戏、一起玩耍、一起长大生活，可能不仅能实现望子成龙、望女成凤的“目标”，孩子还能成长得更好、更快乐！

【背景音乐】《摩尔庄园》

【旁白】圆圆在班上是老师的小帮手、小朋友们的“大姐姐”。她开心地教同伴儿歌，主动和老师交流，还带领小朋友们做手指游戏。每天放学，圆圆都会快速穿好衣服，在衣帽间给同伴拉拉链；每天早上，都能看到圆圆早早地在幼儿园门口排队等待入园，但是，最近这个小精灵却“不见了”。

第一幕　问题呈现

【场景】幼儿园门口

【旁白】放学了，圆圆和小朋友们在幼儿园门口玩，家长们在闲聊。

【背景音乐】《暖暖》

放学了，圆圆和小朋友们在幼儿园门口玩，圆圆妈妈和其他家长在闲聊。

樱桃妈妈：听说你们家圆圆昨天在《识字大赛》市级赛中得了冠军啊，而且她还是那一组孩子里年龄最小的一个，圆圆真厉害，你有什么教育妙招，让大家取取经吧！

听了樱桃妈妈的赞美，圆圆妈妈很高兴，也很骄傲。

圆圆妈妈：其实也没什么妙招，主要是圆圆自己爱学。

阿姨们都夸圆圆真是个好孩子，但是圆圆却默不作声。

【镜头切换】

【场景】圆圆家

圆圆：妈妈，我可以看一会电视再学习吗？就小小的一会儿，我好想看《巴拉巴拉小魔仙》，我们班的小朋友每天都讨论说很好看，我也想看……

妈妈：圆圆，学习才是最重要的，你忘了刚才在幼儿园门口，阿姨们都夸你是个好孩子。乖圆圆，今天你的学习任务很重，有英语课、有口算题、有珠心算，先学习。

听了妈妈的话，圆圆一言不发，坐在书桌前一动不动。她看着自己以前很喜欢的书桌，现在看起来却是那么讨厌。很晚了，圆圆书屋里的灯还没有熄灭。

【镜头切换】

【场景】幼儿园多功能厅

长颈鹿老师是圆圆最喜欢的老师，今天长颈鹿老师举办了辩论大赛，第一次参加辩论赛，圆圆很积极。长颈鹿老师说出了本次辩论的要求和辩题——小学好还是幼儿园好。孩子们开始激烈的辩论。圆圆是反方，她一直在激烈地反驳对方，但是最后还是被正方小朋友驳得哑口无言。

半天没说话的圆圆突发坐地上大哭，嘴里还说着："小学一点也不好，学习一点也不好，不好不好，什么都不好，你们为什么非说好啊！"

第二幕　疗愈过程

【场景】心理咨询室

【旁白】老师拉着圆圆的手来到了学校的心理咨询室。

【背景音乐】《安静的午后》

初入咨询室，圆圆头一直低着。

老师：圆圆，这是心理咨询室，这里很安全。你看，这里有沙盘，架子上有很多"小玩具"，叫沙具，如果你愿意，可以用这些沙具摆一个属于你自己的小世界，怎么摆都可以。

圆圆有些迟疑地走向沙盘，反复触摸着沙子，并没有去取沙具。

(过了一会儿),老师:现在有什么感觉?

圆圆(低声):凉凉的、滑滑的。

老师:试着摆一摆吧。

在老师的鼓励下,圆圆走向架子挑选沙具,摆起了沙盘。

圆圆摆的速度很快,沉浸其中,十分投入,脸上烦恼的神色也渐渐消失,取而代之的是严肃的表情。摆完后,圆圆看着老师。

圆圆(小声地):老师,摆完了。

老师微笑着走了过去。

老师:可以给我讲讲你摆的沙盘吗?

圆圆(轻轻地指着沙具):这个房子是学校。

老师:旁边的呢?

圆圆:学校前边有三只大恐龙,它们都张着大嘴,很可怕。

老师:还有其他的吗?

圆圆(指着恐龙旁边的蛋壳):还有很多恐龙蛋,马上要生出小恐龙了。

老师(指着沙漏):那这个呢?

圆圆:这是沙漏,里边的沙子马上就流下来了。

【旁白】通过第一次沙盘游戏,老师发现,上小学这件事正在困扰着圆圆,沙盘游戏的过程也是圆圆模拟自己进入小学内心感受的过程。通过游戏可以发现,圆圆正在尝试梳理自己的内心。

【镜头切换】

【场景】某小学校园内

【旁白】大班孩子即将成为小学生,对于小学,他们有着复杂的情感:期待、陌生、焦虑、憧憬……为了缓解焦虑情绪,激发孩子们对小学的向往,幼儿园组织大班孩子参观小学,了解丰富多彩的小学生活,圆圆也参与其中。

【背景音乐】《夏之风》

亮白的云靠着杲杲的阳光休憩,聒噪的蝉悄悄隐去它的身影,整座校园都焕发着蓬勃的生机。孩子们迫不及待地走进校园,叽叽喳喳地讨论着。

幼儿1:小学里卫生间分男女吗?

幼儿2:小学生是怎么吃饭的呀?

幼儿3：小学一节课有多长时间？

幼儿4：小学生怎么午睡？

圆圆安静地听着伙伴们交谈，没有插话，边走边张望，满眼尽是好奇。

小学老师：小朋友们好！欢迎大家来到这里，下面就让我带领大家看一看我们美丽的校园吧！

小学老师：这里是操场，一到课外活动时间，哥哥姐姐们就像小猎豹一样奔向操场，有的踢足球，有的打篮球，有的追逐打闹，还有的在跳绳……玩得可开心了。

幼儿1：操场上没有滑滑梯了。

幼儿2：但是有跑道、足球场，还有篮球架、乒乓球桌！

小学老师：紧邻着操场的是图书馆。这里安静、温馨。里面有很多的书本，科学书，童话书，著名作家写的书。各种各样，应有尽有。

圆圆聚精会神地听着。

小学老师：这里是少先队室，这是一个特别光荣的地方，少先队干部经常在这里开会。

圆圆（眼睛放了光，小声嘀咕）：我很希望成为其中的一员。

小学老师：加油哦！你一定可以的！

圆圆害羞地笑了。

小学老师：再往前走就会到达教学楼，教学楼一共有四层，教室里非常宽阔。

圆圆：小学老师是怎样上课的？

幼儿3：小学的课堂与幼儿园有什么不一样？

小学老师（笑着）：别着急，我们一起来看一看吧！

老师们分别为孩子们带来了《古对今》和《我绝对绝对不吃番茄》。课堂轻松、愉快，哥哥姐姐积极发言，小朋友们也听得很投入。

幼儿4：原来小学课堂这么有趣呀！

小学老师：除了这些，我们的社团课也很丰富呢！有击剑、足球、编程、书法、器乐……大家可以任意选择自己喜欢的课程。

幼儿1：哇！

幼儿2:我迫不及待地想要上小学了!

亲身参观、亲自体验、亲眼所见、亲耳聆听,原来小学的学习生活如此丰富多彩。孩子们对小学的憧憬又多了一份,焦虑又减轻一分。圆圆看起来也放松了许多。

【镜头切换】

【场景】心理咨询室

【旁白】第二次沙盘游戏。

老师:圆圆,沙盘还可以更好玩,可以让小朋友和你一起摆沙盘,你愿意吗?

圆圆点点头,于是老师带着几个活泼开朗的孩子和圆圆一起玩起了团体沙盘。

朵朵:圆圆,我觉得你摆的山和水好漂亮呀!

圆圆(有些害羞):谢谢朵朵,我给你讲一讲我的沙盘故事吧!我摆的山、水、猛兽,还有小动物。猛兽虽然可怕,但是小动物也在加强锻炼,变得越来越强壮了,它们可以在离猛兽比较远的地方玩。

【字幕】通过本次团体沙盘展现出的状态来看,圆圆的自我已慢慢地建立起来,自身能量有所增强。对于上小学有了新的思考,内心逐渐开始接纳。

【镜头切换】

【场景】幼儿园教室

【旁白】为了帮助幼儿建立进入小学的自信心,结合《幼儿园入学准备教育指导要点》中的要求与建议,幼儿园开展了幼小衔接系列活动,全方面帮助幼儿为进入小学做好准备。

老师:小朋友们,我们参观过了小学,知道了小学有课间十分钟。通过你的了解,现在你知道课间十分钟都要做些什么吗?

明明:要上厕所,上课了就不能去了。

悠悠:可以喝一喝水,准备好下节课的课本。

老师(看着圆圆欲言又止的样子):圆圆,你愿意分享一下吗?

圆圆(点点头):还可以和好朋友一起跳绳,玩一会儿,上课前要回教室。

老师:谢谢圆圆、明明和悠悠的分享,那小朋友们今天我们就来体验一下吧!铃声响起下课,小朋友们自由活动,铃声再次响起之前我们可以回到位置上。现在让我们开始集体教学活动吧!

【字幕】集体教学活动结束,下课铃声响起,小朋友们开始自由活动。

【场景1】小朋友们聚集聊天,七嘴八舌地和同伴分享。

【场景2】圆圆和其他小朋友选择玩玩具。

朵朵:圆圆,我觉得课间十分钟真是有趣,我们可以想做什么就做什么!

圆圆:我觉得课间十分钟我能做很多事情!(表情扬扬得意)

【旁白】课间十分钟不仅让孩子以游戏的方式体验了小学生活,消除了因为不了解而造成的焦虑,而且锻炼了幼儿自主管理时间的意识,为顺利入学做好进一步的准备。

【镜头切换】

【场景】心理咨询室

【旁白】老师拉着圆圆的手再次来到了沙盘室。

【背景音乐】轻音乐《单车》

老师:圆圆,欢迎你再次来到沙盘室,自己来摆一摆吧!

圆圆欢快地来到了沙盘旁开始摆。

圆圆(声音响亮):老师,我来给你分享我的沙盘故事吧!这个房子是学校,它周围有很多树,里边有好多小动物在玩游戏,这只小羊是我,我和小羊朋友在玩《老狼几点了》的游戏。对啦,你看,学校里还有很多漂亮的水晶球呢!

【字幕】通过本次沙盘可以发现,圆圆对于上小学开始有了向往,内心开始接纳,期待融入小学的生活。

第三幕　家园共育

【场景】幼儿园大门口

放学了,妈妈来接圆圆。

圆圆妈妈(一边招手一边催促):快点快点,你的语言班要迟到了!

圆圆(小心翼翼地拽了拽妈妈的衣服请求):今天朵朵过生日,邀请我去她家玩，语言课可以请假一次吗？

妈妈（为难地）：不行呀，怎么能因为玩耽误上课呢，明天再去她们家吧。

圆圆站在原地不愿意走。

妈妈（拽着她不耐烦）：赶紧吧，马上都要上小学了，还整天想着玩！

圆圆不情愿地被拉走，擦眼泪的动作也被妈妈忽视了。这一幕都被老师看在眼里，老师无奈地摇头。

【镜头切换】

【场景】班级教室

老师（回到教室后）：你好，是圆圆妈妈吗？最近您有时间吗？孩子在幼儿园的表现想和您详细聊一下。我们就约在明天放学后吧，明天见。

【镜头切换】

【场景】幼儿园大门口

圆圆妈妈：老师，孩子最近表现怎么样，是不是有哪些做得不好的地方？

教师：圆圆妈妈，孩子最近表现都很好。但是前段时间我观察到她的情绪好像不太对劲。尤其对上小学这个事情表现得很排斥。

圆圆妈妈：啊？这不可能，我们为了上小学做了很多准备，比如识字、拼音、加减运算等孩子可愿意学了。

教师：圆圆妈妈您别激动，我们先来看一个视频（圆圆参加辩论的视频）。

圆圆妈妈（看完视频很担忧）：老师，我真的不明白她为什么发这么大脾气，您也知道，她平时很乖的。是不是发生什么事情了？

教师：我和您一样有这个疑问，发现这个情况后我带她去了心理咨询室，进行了沙盘疗法。您看，这些是孩子分别摆的三次沙盘，我都记录下来了。

圆圆妈妈（惊奇又内疚）：原来圆圆最初对小学的印象是这样的，老师，非常感谢您的良苦用心。但是作为孩子的妈妈，我忧心孩子的状况，但又对孩子上小学感到焦虑。我应该怎么做呢？

教师：别急，圆圆妈妈，找到了原因，我们就能对症下药。您看您什么时候有时间，可以和孩子一起摆一摆沙盘。

【镜头切换】

【场景】心理咨询室

【旁白】亲子沙盘活动开始了，圆圆妈妈和圆圆如约来到了沙盘室。

【背景音乐】轻音乐《飞鸟与蝉鸣》

教师：欢迎来到心理咨询室。开始之前，我先讲一下规则。首先，圆圆和妈妈先决定谁先拿沙具，接着按照决定好的顺序去拿，每次只能拿一个，过程中不交流，也不碰别人的沙具，自己的沙具一旦摆放上也不要再移动。好了，准备好就可以开始了。

妈妈先后拿了5个沙具，有建筑、草皮、书桌、椅子和一个小女孩。摆成了小女孩正在学校里学习的环境。

圆圆只拿了两只小鸟，就没再拿了。

妈妈（小声地）：你怎么不拿呀，怎么不认真听老师说话呢？要认真听讲，保持注意力集中。

圆圆坐在位置上一动不动，妈妈见状又去拿了几个沙具摆在沙盘上。然后把圆圆的小鸟也摆了进来。

妈妈（开心地）：你看，多么优美的环境呀，这个小女孩就像你，你以后一定是个优秀的小学生。

圆圆依旧沉默，将自己的小鸟拿了出来，埋进了沙子里。

教师（看到后）：圆圆，这两只小鸟怎么了，你能给老师讲一讲吗？

圆圆：小鸟在天空中飞累了，想停下来歇一歇。

【镜头切换】

【旁白】活动结束后，妈妈和老师进行了单独的谈话。

圆圆妈妈（沮丧的）：老师，您上次跟我说孩子去参观小学后情绪改善了很多，但我今天看她的表现还是很懈怠，是不是我平时对她要求太严格了，让她压力太大喘不过气。

教师：圆圆妈妈，这就是我想邀请您来参加亲子沙盘的目的，我理解您望女成凤的心情，也支持您为孩子尽心尽力的陪伴和付出。但是幼小衔接的准备不是提前，不是抢跑，不是把以后该做的事情提前做，而是一个循序渐进的过程。家长的焦虑也会带给孩子，孩子的生活行为习惯、自理能力、身体素质、学习态度和能力以及社会适应力等，都离不开家长态度的影响。现在我们都知道问题出现在哪了，适当的改变一些教育方式，或许能更好地发展孩子的能力。

圆圆妈妈（感激地握住教师的双手）：谢谢老师，我会试着去改变的。

第四幕 憧憬未来

【旁白】圆圆妈妈通过参与幼儿园提供的科学幼小衔接课堂，学习了解儿童心理，改变了对圆圆的教育方式。在小朋友的陪伴下，在老师的关怀与鼓励下，在家长的改变下，老师注意到圆圆的情绪能量越来越正向，她可爱的脸庞又重扬起了开心幸福的笑容。

【背景音乐】*Summer*

【场景】心理咨询室

圆圆和妈妈一起愉快地参加亲子沙盘活动。

圆圆（主动地拿了一个戴红领巾的小女孩沙具）：妈妈，你看这个红色围巾多漂亮。我也想要一条。

圆圆妈妈（开心地笑）：这可不是围巾，是小学生的红领巾。

圆圆（惊奇地）：哇，那我上小学以后会有吗？

圆圆妈妈（刮了刮圆圆的鼻子）：当然有呀，戴上它就说明你已经长大了，是一名光荣的小学生啦！

圆圆：太好啦太好啦，我马上要当小学生啦！

母女俩开心地抱在一起。

【镜头拉远模糊】

幼儿园教育指导

《3—6 岁儿童学习与发展指南》特别指出："应在生活情境和阅读活动中引导幼儿自然而然地产生对文字的兴趣，通过机械记忆和强化训练的方式让幼儿过早识字不符合其学习特点和接受能力。"在教授知识的同时要关注幼儿的成长特点，符合教育规律。正确引导幼儿对学习的兴趣，帮助幼儿培养好的学习习惯与对学习保持热情与期待。

剧中圆圆由于妈妈的揠苗助长行为导致产生了厌学情绪，在大班幼小衔接的重要阶段，幼儿园的合理指导尤为重要。调节好幼儿对于即将成为小学生的复杂情绪，帮助幼儿更加快乐地成长与学习。

（一）采用沙盘疗法了解孩子内心的焦虑与变化

大班的幼儿即将成为小学生，会有各种情绪。家长的期望越高，孩子受到的压力越大，这时孩子容易有厌学的情绪，教师可以通过沙盘疗法了解孩子的想法，同时进行引导，改善孩子的焦虑，对比孩子所呈现的沙盘作品折射的内心变化，并对应给予引导。

（二）采用游戏化方式进行教学活动

孩子无论学什么，都要符合其年龄发展特点和学习特点。幼小衔接不是指抢跑和提前完成小学的任务，它是以激发幼儿对小学学习生活的兴趣，以发展幼儿学习的核心经验为目的的。幼儿园的教学活动是在有意义的、生活化的情境中，采用游戏化的方式来进行的，我们也要抓住生活中的教育契机，帮助孩子不断感受汉字在生活中的作用，萌发孩子对汉字的兴趣，提高他们对学习的敏感性，为进入小学的正式学习打下良好基础。

（三）创造有趣的学习环境

为幼儿创设丰富、积极的环境，引导幼儿关注生活中经常出现的一些简单文字和符号，知道它们是有意义的，感受文字符号在生活中的作用，萌发幼儿对生活中文字、符号的兴趣。例如幼儿园的公共环境、班级环境中会用简单的文字、符号和图片将师生共同讨论生成的约定、规则、提示进行呈现。开展丰富的早期阅读活动，借助图文的形式呈现诗歌、歌曲的内容。这些活动都会为幼儿创设书面语言的学习情境，让幼儿围绕书面材料，全方面帮助幼儿为进入小学做好准备，提高他们对文字、符号的敏感性。

（四）通过家园共育帮助孩子正视压力

对于家长来说应该关注的不是孩子具体认识了多少个字，而更应关注孩子在生活中对于文字符号的兴趣和意识。幼儿园与家长沟通，共同解决孩子的焦虑，在帮助孩子正视压力的同时也帮助家长遵循孩子的发展规律与学习特点。前识字的内容一定是孩子在生活中经常能接触到的，如小区名称、拿取快递的指示牌、超市广告、地铁站牌、各种场所里的安全标志、感兴趣的绘本书名等，可以和孩子一起找一找、说一说、认一认，让孩子从感受到逐步认识，自然习得。这样的方式避免了刻意强化和机械训练。

家庭教育指导

家长在孩子幼小衔接阶段的过渡主要是心理衔接。孩子要上小学，肯定得有一个适应的过程，而家长的不良情绪会直接影响孩子的心理，所以，家长要摆正自己的心态，不焦虑、不急躁、不紧张，以平常心来看待孩子们的幼小衔接。为了让孩子充满自信地去迎接新的环境，从心理上引导孩子做好准备，激发孩子的入学愿望。

（一）不要被外界负面信息影响心理状态

切记不要有意无意地使用“幼儿园开心，等到读小学就只有受苦了”“让小学老师好好管管你”等语言，会影响幼儿的心理，使其产生紧张、害怕等消极情绪，进而产生入学压力。可以和孩子聊聊上小学的想法。

例如，

马上要上小学了，你最期待什么呢？（正面引导）

有什么担心的地方吗？为什么？（缓解焦虑）

你想知道我刚上小学时的心情吗？（分享情绪）

（二）不要提前增加学习压力

部分家长有“不能输在起跑线上”的心理，期望值过高，盲目给孩子施压，使孩子的大班一年成了“集训期”。久而久之，让孩子对学习感到厌烦或在做某件事情时就会显得特别紧张，进入小学后难以激发内在的学习兴趣。

（三）应重视幼儿心理问题

成人容易忽视孩子出现的行为偏差和适应困难等心理问题，不能及时发现，也缺少必要的交流和情绪安抚，使孩子缺乏安全感和支持感。可以和孩子去小学看看，询问孩子的看法。

例如：

你发现小学和幼儿园有什么一样或不一样的地方吗？（建立认同感）

你喜欢小学的哪里，为什么？（正面引导）

我喜欢小学的什么地方？（正面引导）

（四）面对差异不要制造焦虑

小学的学习环境、教学方式、师生关系等与幼儿园存在差异，导致孩子对小学的学习生活存在未知的恐惧，由此产生心理焦虑，甚至出现厌学、恋园等消极情绪。家长可以跟孩子讨论上小学可能遇到的问题和办法（问题不宜过多，避免制造焦虑）。

例如：

课间休息十分钟，你想去做什么？（正面引导）

上课的时候想去厕所了怎么办？（缓解焦虑）

还可以和孩子一起阅读一些关于入学准备的图画书、做一些扮演模拟游戏等。

（五）家长应建立合理期待，学会正确评价幼儿

调整好家庭教育计划，全面、长远地认识孩子的发展，不将家长的主观意愿强加给幼儿。家长也要学会“自我松绑”，避免将自己的过度焦虑等负面情绪传递给孩子。

（六）增强亲子互动及情感交流

多说一些有助于孩子建立安全感的话语，提升亲子关系。平时家长也要掌握一些必要的沟通交流技巧，便于更有效地与孩子交谈。

（七）家园保持积极沟通

在不同的环境中，孩子会有不同的表现方式，家长只有与教师保持有效沟通，才能让家园双方对孩子有更客观的评价，对孩子做出正确的引导。

二、儿童心理剧《每个角色都重要》

心理现象与分析

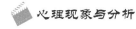

幼儿“以自我中心”是心理学家皮亚杰通过不同角度下观察同一座山而发现并提出的，也就是著名的“三山实验”。通过实验认为幼儿在进行判断时是以自己看到的为中心的，不能倾听、接纳他人的意见，不能从他人的角

度出发考虑对方的观点，而是以自我的感受和想法取代他人的感受和想法，被称为“自我中心现象”。剧中小胖在游戏中表现出的自己先跳、不想撑竹竿、失败后认为游戏不好玩……都是小胖站在自己的角度去看待事物，剧中运用心理共情、家园共育的方式帮助孩子换位思考，最终正确认识自己，从中也获得了成长。

（一）幼儿以自我为中心的表现

孩子2~7岁时，一切以自我为中心，不理解自我与他人的不同和联系，同时也处在“自我中心”的关键期。他们考虑一切事情都是从自己的角度出发，想象每件事情都与自己的活动有联系，在自己的世界里自得其乐，而不考虑他人。此阶段孩子的心理是推己及人，推己及物，人我不分，物我两忘。

有一种很形象的说法来描述这一阶段的孩子：他们开始将别人视为太阳系的一部分，自己是太阳系的中心。

（二）幼儿以自我为中心的原因

1. 大脑发育

德国的人类认知和大脑科学专家曾经对儿童是否能够在游戏中让自己（或群体）利益最大化进行研究。研究发现：在2~7岁的孩子身上，他们大多数都会出现“利己”行为。从6岁开始到青春期，他们才展现出“利他”表现。孩子以自我为中心的行为，并不是他们没有能力去辨别“公平”与“不公平”，而是由于他们不成熟的大脑前额叶皮层，在面对具有强烈“利己”的情况时，无法去思考“利他”行为——简而言之，大脑没有发育成熟。

2. 家庭的养育方式

如今的孩子大多数都是独生子女，如果不注意对他们去自我中心的思维训练，会更强化这种自我中心性。这些孩子在家庭中处于特殊的中心地带，家中又缺乏能够与之分享物质和情感的兄弟姐妹，加上现在的家长都把自己的孩子视为掌上明珠，饭来张口，衣来伸手，整天被爱包围着，唯恐自己对孩子照顾不周。而现在的生活水平显著提高，家长有能力并乐意满足幼儿所提出的一些要求，幼儿便有一种想要什么就一定要得到的想法。并且知道自己在家庭成员中处于特殊位置，在家里就体现出任性，脾气古怪，不高兴时就随意地发脾气，而且在幼儿园也把这种强烈的“以自我为中心”的意识带到了与同伴之间的交往中。

在养育孩子的过程中溺爱、不懂拒绝以及成长环境中缺少同伴互动，往往会造成孩子的自我中心。孩子能在与同龄人的互动中积累社交经验，自然而然地学会分享、合作。如果孩子游戏的对象总是只有大人，游戏间大人不经意的迁就，会传递给孩子一种隐形的溺爱。久而久之，孩子会变得想要控制大人。

剧本介绍

【基本信息】

单位：郑州市金水区第三幼儿园

主题：“争主角”现象背后的自我中心心理

适用年级：学前

编导老师：周诗文　刘金金　于　迪

演出人员：李喆臣　罗诚一　宋雨羲　张欣宜　王子洋　刘书源　刘轩宇　上官妙然　刘怡帆　李佳璐

【辅导目标】

1. 幼儿形成正确的角色意识和角色定位。

2. 幼儿走出自我中心，提升团结合作意识。

【人物介绍】

小胖是个开朗自信的小男孩，在一日生活中，非常喜欢表现自己，渴望老师的表扬与关注，喜欢“争第一”，如吃饭争第一，会抢着把自己吃光光的碗给老师看：“老师，我是第一名”；上厕所争第一：“老师，刚刚我先上完厕所，我是第一名”；父母接送争第一：“老师，今天我妈妈说她会第一个来接我”；排队争第一，每到排队的时候便争先恐后：“我先来的，你站在后面去。”“抢”到第一个就会扬扬得意，没有“抢”到时会闷闷不乐，甚至还会和同伴发生肢体冲突。

【剧本简介】

有一天户外活动时，小胖兴高采烈地选择了“竹竿舞”这一游戏，选择角色时,小胖想当跳舞的小朋友,但是没有当成,整个游戏过程中都闷闷不乐,甚至游戏后回到教室、晚上回到家,也沉浸在不开心的情绪中。看到小胖情绪上的变化,老师尝试通过绘本教育活动引导孩子,让孩子明白每个角色都是很重要的,对不同角色形成正确的心理认知,重过程,轻结果,促进正向成长性思维的发展。在老师、家长共同的关爱下,小胖渐渐走出自我中心,体验到游戏过程中扮演不同的角色与同伴合作的快乐。

【教师解读】

孩子是每个家庭的核心,是爸爸妈妈手里的宝,是爷爷奶奶外公外婆的心肝宝贝。这个主角,谁也不会跟他抢戏,无论是精彩抑或糟糕,总会有人台前幕后的奔波。但是在集体生活中,主角是少数,在让孩子对自己充满自信的同时,也有必要让孩子意识到,无论是主角还是配角,只要认真、投入,都值得欣赏。剧中的小胖在日常生活中便常有"争第一",寻求老师表扬的现象,在具有多重角色的游戏中,体现得更加明显,影响着他的情绪和生活。针对这种情况,教师采取绘本教育的方式,在集体教学活动中,以润物细无声的方式,疏导孩子的情绪,引导孩子树立正确的角色意识。

在老师、家长的共同帮助下,小胖渐渐走出自我中心,体验到游戏过程中扮演不同角色,以及与同伴合作的快乐。其实,面对孩子"争主角""争第一"时,值得思考的是,为什么孩子争第一?是怎样的心理或情感需要?我们应该怎样看待并有效引导幼儿更好发展?孩子自我中心、寻求关注的背后,往往有着家庭因素的影响。有时候,很多父母的心中也有一个主角情怀,会在不知不觉中透射到孩子的身上,所以成人对这个事情的看法和认知,也决定着接下来以一个什么样的姿态来迎接孩子,因为成人的行为和态度会影响孩子的性格和对这个事情的看法。成人的力量是不可小觑的。一个赞许的眼神,一句肯定的话,一个紧紧的拥抱,都是孩子成长的动力。没有"功利"要求,不要求是"主角",只因为是你,独一无二的你。而在这种理念下成长的孩子,不管孩子长大走到哪儿,走多远,是无比风光的名人还是普通的小人物,都会心无畏惧。他们的注意力都在完成新动作的喜悦和自信、得到表扬的成就感和荣誉感、拿到道具的新鲜感、和小伙伴们团结协作的力量感上……

第一幕

【旁白】操场上,老师正带着小朋友们玩丢手绢的游戏。

老师:小朋友们,今天的丢手绢就玩到这里,下面的时间大家可以自选器械进行游戏,听到音乐声后收玩具集合。

小胖:太好啦!可以跳竹竿舞啦!

轩轩(一脸兴奋):我们一起跳吧!

帆帆(附和):对呀,我们一起吧,我们都想跳竹竿舞!

小胖:好呀,我们一起玩吧!对了!我想当跳舞的小朋友!

欣欣(激动的向前一步,举着手):我也想当跳舞的小朋友!

一一:我也是!我也是!

帆帆(着急地):可是,我们需要有四个小朋友拿竿呀,大家都想跳舞,谁来拿竿?

小胖(有些耍赖地):我不管,我就要当跳舞的小朋友,是我先选到竹竿舞这个游戏的!(说完,就走到刚摆好的竹竿旁,打算开始跳)

轩轩:没有人拿竿,怎么跳啊!

一一:把竿放地上,就这样跳吧!

轩轩:我们开始吧。

【旁白】大家一哄而上,不一会儿,就把摆好的竹竿跳得乱七八糟

欣欣:哎呀,不行啊,这样根本玩不了!

轩轩:就是!我去告老师!(说完,便朝老师方向跑去,叫老师过来)老师,你快过来呀!

老师:怎么了?发生什么事情了?

帆帆(迫不及待地):老师!老师!我们五个想跳竹竿舞,可是大家都想跳舞,没有人拿竿,这可怎么办啊!

老师:原来是这回事呀,其实大家可以轮流跳舞呀。剪刀石头布,谁赢了,谁先当跳舞的小朋友。

轩轩:那我们试一试吧!

一一(激动地跳起来):我赢啦,我要跳舞!

小胖(有些气急败坏):哎呀,不行!我们三局两胜!

一一:可是……

小胖:不行不行,快来,我们再试一次!

一一(低落地):好吧……

一一(嘚瑟):小胖,这次还是我赢了,哈哈!

小胖(不耐烦):好好,你当就你当。开始吧。

旁白:他蹲下身子拿起竹竿,心不在焉地敲打着。

(收玩具音乐声响起)

小胖(垂头丧气地收着竹竿):唉,真没意思,一点也不好玩。

老师:小朋友们,快来站队回教室了。

第二幕

【旁白】游戏后,小胖一直闷闷不乐,无论做什么都提不起精神。吃饭的兴致也不高。

轩轩:小胖,你终于吃完饭了,等你半天了,快来一起玩魔尺吧。

小胖(无精打采地):你玩吧,我不想玩。(说完,便呆呆地坐在椅子上,一句话也不说。)

一一(和帆帆小声嘀咕):他怎么了?以前他最喜欢玩魔尺了,每次都吃得很快,抢着玩魔尺。

帆帆(低声附和):我也发现了,好像我们户外游戏回来他就不开心了。

一一(吃惊):啊?不会是因为跳竹竿舞吧!

帆帆:有可能,你跳了一局后,收玩具音乐就响了,小胖没有跳成。

小胖(内心独白):为什么老师没有先请我跳舞?明明是我先拿到的竹竿啊……拿竿的话,就得一直蹲在那敲,敲得我手都没力气了,好无聊,唉,好烦啊……

【旁白】晚上回到家,小胖依然无精打采的。

奶奶:呀,我的乖孙子回来啦!今天在幼儿园吃好了没有,高兴不高兴,有没有小朋友打你呀?

小胖:一点也不高兴。

奶奶:啊？怎么啦？谁惹我家宝贝儿不开心了？我找他去!

小胖(不耐烦地):哎呀,今天在幼儿园玩跳竹竿儿,我想当跳竿的,可是最后到收玩具了我都没跳成。

爷爷:咦!你们老师是怎么分的？为啥不让我的宝贝孙子跳?

小胖:我们老师让我们轮着玩……

爷爷:然后呢?

小胖:然后我们石头剪刀布,三局两胜,我都输了。

爷爷:我觉得这样不太公平,小胖妈,你明天去给老师说说,我的乖孙子想玩,让她给咱一个机会。

妈妈:爸妈,你们别管啦,我来给小胖聊一聊,放心吧。

妈妈(温和地):小胖来,到妈妈身边。原来是这件事困扰着我们宝贝了,你想当跳舞的小朋友,但是从头到尾你都没有跳成,你很伤心对不对?

小胖:嗯。

妈妈:妈妈理解你的感受,快过来让妈妈抱一抱。

妈妈:现在感觉好点了吗?

小胖:还好吧,我还是有点不开心。

妈妈:宝贝,跳竹竿舞需要两种角色对吗?

小胖(低声地):是的。一种是跳舞的,一种是拿竿的。

妈妈:是呀,你想一想哦,如果只有跳舞的小朋友,没有拿竿的,那会出现什么情况?

小胖:那就没办法玩了,我们今天一开始就是这样,结果把竿子跳得乱七八糟。

妈妈:如果只有拿竿的小朋友,没有跳舞的呢?

小胖(激动):那更完不成了啊,没人跳还怎么玩呀!

妈妈:是呀,所以,竹竿舞中跳舞的小朋友和持竿的小朋友都很重要,都需要有小朋友参与,就像汽车的轮子,缺了哪个都无法正常运转。

小胖(若有所思):虽然是这样,可是,妈妈,之前我们班升国旗,我想当小主持人,也竞选失败了,最后只能和其他小朋友一起表演节目。

妈妈:傻孩子,升国旗和跳竹竿舞很相似,都是需要团队内合理分工,才能保证最终完成的效果。竹竿舞需要跳舞的小朋友、拿竿的小朋友；而升国旗不仅需要主持人，还需要升旗手、护旗手、领唱者和表演节目者，如果大家都当主持人，谁来给台下的观众表演节目呢？而且，请你表演完节目，是不是有很多观众把掌声送给了你呀？

小胖：妈妈，我感觉我好像有点儿明白了，可是还是不太开心。

妈妈：没关系，宝贝，你可以再好好想一想。其实不管是什么角色，只要我们认真去做，都会获得别人的肯定。

第三幕

【旁白】第二天，集体教学活动时间，老师给孩子们带来绘本故事《胖石头》。

师：小朋友们，你们听说过《白雪公主》的故事吗？故事里面都有那些人物？

辰辰（小手举得高高的）：老师，我知道，我知道。《白雪公主》里面有国王、王后、公主、王子和小矮人。

然然：老师，老师，里面还有猎人。

师：这个故事如果让你来表演，你想表演哪个角色？为什么？

璐璐（一脸期待）：公主很漂亮，我想演白雪公主。

辰辰：我想演王子，他很帅，而且喜欢帮助别人。

师：我这里有一本故事书，名字叫《胖石头》，里面有一只小猪，我们来看看它在故事里演的什么角色？

（教师阅读绘本，大屏幕播放绘本 PPT，孩子们认真地聆听。）

师：故事讲完了，小猪演的什么角色呀？

璐璐：小猪是一块大石头。

师：为什么其他小朋友都不愿意演？

然然：可能是大家感觉一块大石头不重要吧！

师：你们觉得小猪胖胖演得好不好？

孩子们（异口同声）：好，小猪胖胖是一块了不起的石头！

师：是呀，大家不愿意演的角色，小猪却愿意，这告诉我们，不管是主角还是配角，每个角色都很重要。只要我们认真去做，就能得到别人的肯定。好啦，小朋友们，请大家排队去上厕所。小胖过来找我一下。

师：小胖，听完这个故事你有什么感受吗？

小胖（有些惭愧地）：我觉得我要向小猪学习……

师：为什么呢？

小胖：我昨天还因为跳竹竿没有当成跳舞的小朋友，生气了很长时间。

师：那你现在感觉怎么样？

小胖：我现在觉得好多了，小猪连一块不起眼的大石头都演得那么认真，我玩跳竹竿更得认真一些了，这样我们的游戏才能玩得更开心。

师：小胖，你说得很对，每一个角色都是很重要的。好啦，快去上厕所，我们一起去户外玩游戏吧。

小胖：好！今天我还要玩跳竹竿，这一次，让我当跳舞的小朋友还是持竿的小朋友我都愿意！

师：小胖棒棒的，为你点赞！

幼儿园教育指导

首先一定要让孩子知道团队合作的重要性。团队合作，是孩子未来发展、立足社会的重要素质。培养孩子的合作意识和能力是非常重要的。

（一）注意培养孩子良好的性格

这种良好性格包括开朗、自信、友爱、平等以及探索精神，具有这种品质的孩子会主动与别人合作，而且会合作得很好。所以，培养孩子良好的性格是促进幼儿迈向合作的必备条件。

（二）帮助孩子形成很好的合作态度

矛盾往往发生在游戏材料比较缺乏时，孩子们会将一部分游戏材料据为己有，担心一合作，就没自己的份了。这时候，就需要及时引导拒绝合作的幼儿和别人一起游戏，逐步形成良好的合作态度。

（三）教给幼儿正确的合作方法

合作不是一个人的事情，所以不能随心所欲。很多时候孩子有着合作意向，却因为缺乏合作的方法而导致各司其职，让合作得较好的孩子向大家介绍他们的方法,然后再进行示范合作,孩子们便会马上明白应该怎样和别人合作了。

(四)充分利用孩子活动中的合作机会

比如在孩子们玩游戏时,通过让孩子们换位,来试一试别人不合作时,自己如何游戏,通过事实教育让孩子懂得,游戏的顺利进行,离不开大家的合作。此外,还要有意识地为幼儿安排创造合作的机会。

(五)向孩子充分展示合作的成果

教师要充分肯定孩子们的每一次合作,哪怕是一点点成果,也要展示给孩子们,让他们体验合作的快乐和成功,激发孩子们还想合作的愿望,在老师的积极引导和充分肯定中,孩子的合作意识和能力才能得到有效的培养。

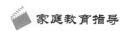

家庭教育指导

(一)了解幼儿,同幼儿多沟通

家长在忙于工作的同时,也要抽出时间来多了解幼儿。与幼儿、老师多沟通,对幼儿在幼儿园和家庭中的表现有一个全面了解。家长多一份了解,就对幼儿少一份误解。

(二)耐心倾听幼儿,真正放下"身段"

家长要以朋友的身份平等与幼儿沟通,倾听幼儿的心声,避免用指责或命令式的语气对待幼儿。希望家长真正放下"身段",对幼儿像成人一样给予尊重。

(三)修正对幼儿的期望

不要总是要求幼儿按照大人的心意去生活,幼儿也有自己的想法和他自己想做的事,因此,同幼儿协商,共同找出好的解决方法,有利于幼儿的成长。

(四)丰富幼儿的社会交往

交往与沟通、分享与合作是幼儿生存和发展所必需的品质。作为家长,要创造条件和机会,鼓励幼儿参加体育运动和丰富多彩的社会活动,让幼儿在活动中释放消极的情绪,培养自信心,发展兴趣爱好,提升交往能力，丰富他们的内心世界，塑造健全完美的人格。

（五）教育幼儿学会接纳自己，释放情绪

如果孩子出现了负面情绪，家长不要怪罪孩子软弱、胆小，而要让孩子知道，成长过程中出现各类负面情绪是很正常的，大人们也会有类似的情绪，从而鼓励孩子学会接纳自己的坏情绪。

附针对大班幼小衔接的幼儿训练示例如图 3-2、图 3-3 所示。

图 3-2　心理剧《一年级，我来啦》排练照片

图 3-3　心理剧《每个角色都重要》排练照片